LA PAREJA
INTERIOR

Editado por Paule Salomon
y Nathalie Calmé

editorial **K**airós

Numancia, 117-121
08029 Barcelona
www.editorialkairos.com

Título original: LE COUPLE INTÉRIEUR.

© Editions Albin Michel, 1998

© de la edición en castellano:
2006 by Editorial Kairós, S.A.

Primera edición: Junio 2006

I.S.B.N.: 84-7245-612-9
Depósito legal: B-17.265/2006

Fotocomposición: Pacmer, S.L. Alcolea, 106-108, bajos. 08014 Barcelona
Impresión y encuadernación: Romanyà/Valls. Verdaguer, 1. 08786 Capellades

SUMARIO

PREFACIO
Marc de Smedt

Cuento zen: dos monjes caminan por el campo en dirección a su monasterio. Llegan a un río que las lluvias recientes han desbordado. El paso del vado, habitualmente fácil, se ha convertido en un torrente tumultuoso. En la orilla les aborda una joven: «Me da miedo cruzar, ¿podrían ayudarme?». Uno de los monjes entrega su petate al otro y sube a la chica a su espalda. Prudentemente, atraviesan la corriente, sin traspiés. Al llegar a la otra orilla, la joven campesina les da las gracias con una gran sonrisa y se dirige a la aldea. Los dos monjes continúan su camino. Uno de ellos silba, contempla la naturaleza que se despierta en primavera, admira las sombras y las luces, escucha el canto de los pájaros; el otro se muestra ceñudo y abismado en sus pensamientos.

–¡Ah! –se alegra el primero–, ¡qué cansados estamos! Pero tienes mala cara; ¿te ha sentado mal la comida?.

El otro estalla:

–¡Hiciste voto de no tocar mujer alguna y te has atrevido a llevar a esa chica!

Observándolo tranquilamente, el monje responde a su compañero:

–¡Ah, así que es eso! Pero verás, yo sólo he cargado a la muchacha para ayudarla a atravesar el río, ¡mientras que tú la has traído hasta aquí!

¿Por qué contar esta historia en este libro, consagrado a la pareja interior y a lo femenino en el ser? En principio porque me parece un relato de una gran carga simbólica: la muchacha en el papel de mujer débil, el caballero de corazón puro, el mezquino de moral estricta y visión limitada; los tres personajes son típicos. Podríamos invertir los sexos y tendríamos a un hermoso joven herido, a una monja de gran corazón que acude en su ayuda y a la madrastra frustrada que se reconcome y le reprocha amargamente el preocuparse por ese varón, un peligro en potencia. He aquí, delimitadas, las grandes funciones arquetípicas. Pero lo que me parece más importante es la caída: ésta establece la diferencia entre la acción justa, positiva, clara, eficaz, consumada en la libertad del don, y la misma acción imaginada, repetida, desmenuzada y deglutida por una mente febril. Por un lado, conciencia y presencia; por otro, extravío mental y confusión, ceguera. Aquí, nos encontramos con el acto consumado, asumido, superado; allí, nos extraviamos, nos ahogamos en nuestros pensamientos. Ahora bien, ya se trate de lo masculino o de lo femenino, temas que abordarán nuestros autores, el problema sigue siendo el mismo: ¿dónde nos situamos? ¿En la claridad de la conciencia o en su oscuridad?

OBERTURA
Paule Salomon y Nathalie Calmé

Mi parte masculina aún explota a mi parte femenina. Esta constatación personal, este motivo, han constituido el punto de partida pragmático de la presente obra. Porque lo que es válido para mí también lo es para el mundo que me rodea. El fragor del combate que enfrenta al hombre y a la mujer desde hace milenios no puede subestimarse, y los puentes que teje la emergencia femenina desde hace menos de un siglo aún son muy frágiles y arbitrarios. Esta guerra exterior se ha interiorizado en cada uno de nosotros y la cooperación de lo masculino y lo femenino en nuestro fuero interno exige un verdadero vuelco de la conciencia.

Sin duda, nunca antes la conciencia colectiva había propiciado tanto la aparición de una mujer enérgica y tierna y de un hombre enérgico, tierno, es decir, de dos seres que mezclaran sus identidades de antaño y alentaran nuevos rostros de lo masculino y lo femenino, más andróginos y evolucionados. Acaso no son las nuevas ideas, las nuevas religiones o unas costumbres más elaboradas las que permitirán a nuestra humanidad alterar su nivel de conciencia y encarnar una forma de paz interior-exterior. Tengo la impresión de que toda esperanza de cambio reside hoy en el equilibro entre las polaridades masculina y femenina y su enriquecimiento creativo. Nunca como ahora ha estado en peligro la pareja tradicional y, al mismo tiempo, una nueva pareja reinventa a conciencia un arte de amar. El terrorismo conyugal más destructivo coexiste con un placer de vivir juntos y de compartir intereses comunes. Dos libertades aprenden a respetarse y a ponerse al servicio del dios Amor. Dos fuerzas y dos modalidades de la ternura se abren a la herida de Eros, en lugar de huir de ella.

Y sin embargo, en el seno mismo de esta esperanza, el horizonte colectivo se enfeuda en la acción, el consumo, el lucro, la explotación. Hay que avanzar todavía más y estar siempre a la altura, ser más rápido, eficaz y competitivo. Una importante toma de conciencia consiste en advertir que, en la vida, los valores de conquista, o simplemente de aquello que pensamos que es la supervivencia, llevan la voz cantante y aterran a lo femenino, que querría abandonarse al placer del instante, a la voluptuosidad de existir, al éxtasis de estar vivo. El vuelco espiritual de una vida empieza cuando este tiempo consagrado al bienestar ocupa la mayor parte del día.

Los investigadores e indagadores del sentido, los escribanos de la transformación han aceptado dejarse entrevistar[1] aquí acerca del modo en que lo femenino se ha encarnado e interiorizado en sus vidas. Nuestra época es portadora de una gran esperanza. Los cambios en la identidad masculina en dirección a lo femenino y los cambios de la identidad femenina en dirección a lo masculino se efectúan con una mayor conciencia a partir de ahora. Es una verdadera realización espiritual que se opera en la conciencia colectiva, como si lo sagrado y lo profano trataran de fundirse. ¿Cómo hacer para auspiciar este tránsito en nuestra vida diaria y dejar espacio a una nueva alianza entre el hombre y la mujer, a una eclosión del amor en el ardor y la luz?

---

1 . Todas las entrevistas han sido realizadas por Nathalie Calmé.

1. LO FEMENINO EN AYUDA DE LO VIVO

Entrevista con Michel Random

En un sentido, los hombres han fracasado: el progreso que han inventado se ha convertido en una máquina desbocada, destructora de la naturaleza, de las culturas, de las éticas y de las conciencias. Para sobrevivir y crear una civilización planetaria viable, ¿tendrá el tercer milenio que conjugar sus valores en femenino?

Michel Random: Por primera vez en la historia de la humanidad se plantea no el problema de la cultura y de la ciencia, sino el de la supervivencia planetaria. Ante este problema de supervivencia sale a la luz una exigencia diferente, una nueva reacción… Un cambio de mirada. Mientras se arroja sobre las cosas una mirada que contempla la realidad de una manera dual, causal, en la que el objeto y el sujeto, la naturaleza y el hombre, el espíritu y el cuerpo están disociados, la realidad creada de este modo es necesariamente desmembrada, mecanicista.

No podemos seguir considerando una realidad que, por un lado, se vuelve compleja a una velocidad exponencial hasta

13

volverse inasimilable y que, por otro, engendra una virtualidad, una no existencia de esa misma realidad.

Hoy hablamos de una realidad virtual en informática, pero el conjunto de nuestro mundo, incluido el mundo de las finanzas, llega a ser virtual, y por lo tanto irreal. Una virtualidad de la vida. Esta virtualidad que se impone disgrega el proceso humano. Es una completa agresión del cielo y de la tierra, pero también de los individuos. Lo que conduce, fatalmente, a una descomposición social, ética, cultural y espiritual.

Frente a esta situación, que no tiene parangón con cuanto nos ha precedido, hay una nueva toma de conciencia nacida de la propia ciencia y más concretamente de la física cuántica y de la biología. La aparición de una nueva conciencia incumbe a los filósofos y científicos responsables que reflexionan acerca de la naturaleza de lo real, que ya no corresponde al antiguo esquema mecanicista, heredado del siglo XIX. Una realidad que ya no es causal sino holística. Una realidad global en la que la conciencia, la cúspide del Ser, es un elemento dominante. Estamos inmersos en esta realidad. No hay nada disociado, ni en el espacio, ni el tiempo, ni en el conjunto del cosmos. Yo soy el otro. El otro es yo. El cosmos soy yo. La conciencia cósmica no es una idea del espíritu. La conciencia es homogénea, o aún mejor, "la conciencia es el fundamento del universo", como dice Basarab Nicolescu. Esto es, la propia esencia del universo. Cuando pienso, el universo piensa conmigo.

Pregunta: en la aparición de esa nueva conciencia y la concretización holística de la que habla, ¿cuál será la contribución de lo femenino?

Nos urge una nueva visión globalizadora. Ahora bien, el cerebro masculino tiene una polarización izquierda/derecha de la que carece el femenino. Esta polarización expresa un dualismo que se inscribe en nuestra vida cotidiana. El cerebro masculino contemporáneo crea complejidad, pero, al menos en Occidente, se revela incapaz de administrar una realidad cada vez más compleja. Las dimensiones de la nueva creatividad son más ilusorias que reales, a imagen de la propia Creación. Lo femenino se asocia al misterio de lo vivo, es decir, a lo real como algo más que materia, tejido de lo invisible en el que se expresan el orden y el desorden, una arbitrariedad cuántica que consiste en la tensión de aspectos dinámicos y contradictorios. La indeterminación cuántica se parece a lo aleatorio femenino. Precisamente esta aleatoriedad femenina importuna a la lógica estricta y rigurosa de lo masculino. A menudo se dice que una mujer no es lógica, o que es imprevisible. Sin embargo, al actuar así expresa el misterio de la vida y del imaginario. La inteligencia no es sólo racional. La sensibilidad y el amor son formas sutiles de la inteligencia. ¡La mujer tiende a la vida! Se inclina a los valores fundamentales de la naturaleza y de lo vivo. La inteligencia y sensibilidad femeninas complementan lo masculino, pero hay que reconocer los valores esenciales porque urge salvar el orden vital y la especie humana; sólo se logrará mediante una nueva conciencia planetaria en la que lo femenino desempeñará un papel fundamental. Las virtudes femeninas son vitales en todos los centros de decisión y organización. El tercer milenio será necesariamente femenino.

¿Quiere decir que necesitaremos más "programas femeninos que feministas"?

Sí… Por cierto, en el congreso de Tokio, Mely G. Tan, conferenciante indonesia, realizó una exposición muy bien documentada acerca de este tema. Constata que pese a los diversos encuentros internacionales, organizados por los movimientos feministas, lo "femenino" está en retroceso. Decae en todas las zonas del mundo porque cada vez que asistimos a un recorte económico o a recortes de plantilla en la educación, la cultura o la política, se prescinde de las mujeres. Por consiguiente, las mujeres están minoritariamente representadas en todos los ámbitos de toma de decisiones. Además, a escala global ellas son víctimas de las mayores opresiones. ¡Esta situación se ha vuelto intolerable! La descomposición progresiva de la importancia de lo femenino en la vida económica, social, política, etc., así como el empobrecimiento de las mujeres y los niños, también demuestra que la modernidad aboca a un sistema de horror, de decadencia e insensatez. Las mujeres ya no pueden luchar para defender solamente sus derechos. Sus derechos no son discutibles. Han de hacerse conscientes de su importancia para mantener y salvar el orden vital. ¡Si no, no habrá vida en absoluto!

¿Insinúa que las mujeres no son conscientes de la dimensión del papel que han de desempeñar en la búsqueda de una nueva conciencia planetaria?

Las mujeres son conscientes de su poder, pero aún se muestran muy tímidas a la hora de exteriorizarlo. Incluida su sexualidad. ¡Usted sabe, la Iglesia ha logrado culpabilizar a la mujer, someterla a un estado de hipnosis permanente! La Iglesia ha creado la culpabilidad femenina como una segunda naturaleza. Por lo tanto, lo primero es liberar a la mujer, incondicionalmente, de esa monstruosidad. La mujer ha de decirse: «Existo, soy un ser completo, absoluto, maravilloso. ¡Soy el árbol de la vida! ¡Demonios! ¡No se me va culpar porque soy mujer!». A este respecto, no cabe duda alguna. Denuncio a la Iglesia, pero al menos conviene citar esta declaración del papa Juan Pablo II el 29 de junio de 1995. Se dirigía a las mujeres en una conferencia en Pekín: «Las mujeres han sido el blanco de las desigualdades, la injusticia, la opresión, y yo sólo puedo expresar mi admiración a estas mujeres de buena voluntad que han dedicado su vida a defender la dignidad de su sexo luchando valientemente por sus derechos sociales, económicos y políticos fundamentales, más aún cuando esto se consideraba, con una extrema inconveniencia, indicio de una falta de feminidad, una forma de exhibicionismo e incluso un pecado».

¿Es la expresión de una promesa, de una esperanza?
Imagine que el Papa diga: «Las mujeres no son iguales a los hombres, Dios las ha creado diferentes, por lo que su naturaleza es inferior». ¿Cómo reaccionaría usted? Diría: «¿Adónde quiere ir a parar? ¿En qué siglo vive?». Por el contrario, Juan Pablo II dice: «Ser mujer no es un pecado. Manifestar su feminidad es algo legítimo, es justo que las mujeres defiendan sus derechos sociales, económicos y políticos fundamentales». En otras palabras, dice: «¡La mujer tiene derecho a existir!».

En un texto suyo titulado Las últimas recomendaciones de Dios a Adán y Eva, *escribe lo siguiente: «Entrego a Eva el poder sobre los tres mundos: el cielo, la tierra y el mundo subterráneo. De este modo, por su mediación se transmitirá la iniciación de tres mundos. En este sentido ella será siempre un misterio para ti [Adán], a quien entrego el cielo y la tierra, pero no el mundo subterráneo. Porque, así como da la vida, Eva transmuta la vida. La transmutación es el paso de un estado a otro. Pero, así como no te ha sido dado el misterio del alumbramiento, no se te ha concedido la visión de los misterios de la muerte. Eva, sola, puede atravesar el oscuro puente de lo inefable. Para ella, serás el guerrero, el protector y el hijo. No trates de sojuzgarla, ni por la fuerza, ni por la costumbre, ni por la ley. En Eva la vida y el deseo son uno. Restringir ese estatus es amenazar la vida». ¿Podría comentar este fragmento en el que Eva (se sobrentiende que todas las mujeres) es ensalzada por Dios?*
Las mujeres han de reconectarse a su potencia femenina y sobre todo al tercer mundo, el mundo subterráneo. Sólo ellas tienen acceso a él. En el dualismo masculino/femenino, pres-

cindimos siempre de esta noción alquímica del ser. Y, sin embargo, la vida tiene un sentido, las cosas se han creado con una conciencia divina que introduce, en el orden del mundo, el propio misterio de la vida, de la creación, de la mutación vida/muerte. Y la mujer tiene el poder de asumir esta mutación, esto es, de afrontar la vida y la muerte, lo visible y lo invisible. Y ese conocido miedo a lo femenino inherente a muchos hombres deriva del hecho de que no consiguen asimilar ese misterio. Hay que decirle a los hombres: «Sí, el misterio femenino es un misterio velado, pero no impuro. A través de los milenios, las mujeres han transmitido toda iniciación; ellas han sido maestras en la iniciación». En cuanto el hombre crea una oposición, separa el cielo y la tierra, desencarna el proceso vital. En cuanto se disocia el ser de su misterio, ya no se comprende lo femenino. El rechazo del misterio y el rechazo de lo femenino son una misma cosa. Queremos controlar lo que no comprendemos, y por lo tanto confinar a la mujer en su papel de esposa, de madre o incluso de objeto sexual. La sexualidad femenina asusta. Incluso hoy en día, se concibe a la mujer como un ser equívoco, si no demoníaco, un ser peligroso que en cualquier momento puede lanzarnos pieles de plátano. A los ojos de algunos hombres, toda mujer oculta una hechicera. Esto justifica un terrorismo explícito o velado contra las mujeres. No obstante, en las religiones tradicionales, la mujer era venerada en todos sus aspectos, incluso en los ritos religiosos. De hecho, lo femenino es, por esencia, sagrado. Éste es el sentido de la hierogamia. El rey sacerdote obtiene su poder de lo femenino. El poder femenino otorga al sacerdote lo visible y lo invisible. Lo masculino hace vibrar el misterio, pero sólo puede asumirlo a través de lo femenino. Puede participar del misterio... ¡pero no es mujer! Este aspecto alquímico de lo femenino se encuentra en los mitos. En el *shinto*, existe la pareja creadora: Asanami e Isanaki. Tras su muerte, Asanami desciende a los infiernos, en el mundo subterráneo. Isanaki quiere seguirla. Pero a lo masculino le está prohibido asistir al misterio alquímico de la descomposición y de la mutación de la vida en muerte y de la muerte en vida. El hombre está hecho para ser un guerrero, un luchador, en última instancia un donjuán, pero no está hecho para penetrar las fuentes de la vida y de la muerte. Al comprobar que Isanaki la ha seguido, Asanami, iracunda, lo expulsa. El misterio de la vida implica que todo ser está en resonancia con el universo. Por ejemplo, hoy podemos escuchar el sonido de los planetas, grabado por la NASA. Es una fabulosa e inefable pulsación. Pero ese sonido, esa vibración, se parece mucho a lo que oye el bebé en el vientre de su madre; también es una pulsación semejante a la pulsación cósmica. Por lo tanto, el hijo y la madre están estrechamente vinculados al mundo cósmico. El hombre ya no es consciente de su unión con el cosmos, en tanto que la mujer, merced a sus ciclos biológicos y psíquicos, permanece inextricablemente vinculada al mismo. Esta relación cósmica determina el misterio femenino. Del mismo modo, en el *Ramayana*, Sita, esposa de Rama, es raptada por Ravana, el demonio. Rama consigue liberarla, pero le surge una duda: tal vez sea impura, mancillada por el contacto con Ravana. «Me he conservado pura», responde Sita, y para demostrarlo se entrega a la ordalía del fuego; en otra versión, pide a la Tierra que la engulla. Sita regresa a la tierra porque la tierra y la mujer están unidas al mundo celeste.

Su posición respecto a los hombres es extremadamente radical... ¿Qué ocurre con los hombres íntimamente ligados a su dimensión interior?

El hombre jamás tendrá acceso a ese mundo, a no ser que realice su ser, su plenitud, el amor en el sentido del respeto. El amor realiza la fusión perfecta.

Hace un momento ha dicho que las mujeres experimenta-
ban dificultades para reivindicar sus derechos sexuales...
¿Podría explicar esa constatación?

El deseo femenino es mil veces más fuerte que el deseo
masculino. Hay que tener en cuenta que Dios siembra pródi-
gamente. Siembra diez mil para obtener uno. ¿Cómo sería el
mundo si Dios no hubiera hecho a la mujer bella y seductora?
Dios ha puesto en la mujer "un plus" para obtener algo: la vida.
Ha distribuido generosamente el atractivo del eros en el placer
de lo femenino, sin lo cual no habría atracción y, por ende, no
habría niños. Esta fascinación irresistible del eros femenino conduce al amor. Por ello culpabilizar la sexualidad femenina es ir contra natura.

En Italia, hace apenas diez años, matar a la esposa por ce-
los, o por mera sospecha, merecía un máximo de cinco años
de prisión. ¡Era de un machismo alucinante!

Los hombres han de reconciliarse con la sexualidad femenina respetándola. Toda mujer ha de vivir su deseo libremente,
según su elección. No puede albergar culpabilidad. Los mayores sabios han respetado siempre la sexualidad femenina. Un día, Parvati llama a Shiva al orden por no cumplir su
papel sexual. Shiva la escucha y, esa misma noche, la lleva
al séptimo cielo. Una de las mujeres del Profeta le dice: «Me
has olvidado», y el Profeta se dispone a satisfacerla. Lo mismo
le ocurre a Rumi. Su mujer le dice: «Me has olvidado»; Rumi
es un gran sabio, pero sin embargo contenta a su mujer. Del
mismo modo, cuando Ramakrishna quiere entrar en la vida
ascética, le pide permiso a su mujer. Si ningún sabio ha condenado la sexualidad femenina, es porque es sagrada. Forma
parte del respeto que debemos a la vida.

Usted tiene la oportunidad de participar en numerosos con-
gresos internacionales y plantea preguntas candentes como
ésta, en el congreso de Tokio: «¿Aún puede sobrevivir el pla-

neta Tierra?». A partir de lo que acaba de afirmar, y de acuer-
do con la emergencia planetaria en la que nos encontramos,
tengo la impresión de escucharle alzar el siguiente grito:
«¡Socorro, mujeres!».

Sí, hay una emergencia, pero no se trata de decir: «¡Socorro, mujeres!»; sino más bien: «¡Socorro, vida cuya encarnación son las mujeres!».

¿Qué vínculo establece entre lo que denomina "lo vivo" y
lo femenino?

Lo vivo es la naturaleza, el mundo cósmico, lo visible y
lo invisible. Lo vivo tiene una idea fija, la manifestación de la
vida. La creación, o el mundo manifestado, tiene un sentido,
una finalidad, eso que se llama "neguentropía", es decir, "la
vida en el orden vital"; es lo contrario de la entropía, o sea, de
la muerte. Lo vivo se protege. El ecosistema posee una función:
la de renovar las especies, interminablemente. Si la especie
humana se vuelve dañina, lo vivo se deshace de ella.

Hoy en día manipulamos la genética de un modo demen-
cial. Debido a ello alteramos las propias estructuras de lo vivo
olvidando que la parte se encuentra vinculada al Todo. Y que
el Todo es diferente de la suma de las partes. De este modo,
al manipular los genes, los de las plantas o los animales, ¡alteramos el orden viviente! Creamos un nuevo orden en el mundo animal y vegetal. Manipular los genes en los alimentos
implica, a fin de cuentas, cambiar lo vivo en el propio hombre,
alterar su ADN. Es un error creer que el ADN permanece in-
mutable toda la vida y que podemos manipularlo a placer.
El ADN cambia durante toda nuestra existencia. Es un descubrimiento muy antiguo.

Del mismo modo, nuestra conciencia, nuestra mente, reacciona a partir de la estructura de lo vivo. Estamos creándonos
incesantemente. Cada día perdemos cien mil células, lo que implica que cada siete años tengamos un cuerpo nuevo. Esta

constante renovación de la vida es también la del ser. Nuestra conciencia interviene en el determinismo aparente de las cosas porque el pensamiento es una acción. El pensamiento es vibratorio, como el orden cuántico. Pensar es crear, es actuar. Por esa razón el pensamiento y la conciencia femenina pueden llegar a ser una fuerza determinante en la "mutación del futuro". Las mujeres pueden instaurar una era de paz duradera si se les permite acceder a los puestos de responsabilidad. Lo masculino ha abocado a las mujeres a no sentirse solidarias entre sí. En numerosos países orientales, donde las mujeres necesitan de una verdadera solidaridad para sobrevivir, aún existen colectivos femeninos. Hoy, la potencia energética del orden femenino se encuentra en barbecho, pero puede manifestarse como una fuerza fundamental. La urgencia conduce a la degradación del orden vital. La escritora Mai Li Tang subraya que, a pesar de todo, «la dimensión de la movilización mundial de las mujeres no tiene sin duda parangón en la historia de la humanidad». En efecto, las mujeres manejan mucho mejor la adopción de responsabilidades ligadas al medio ambiente, a la salud y a los recursos naturales. Ella escribe: «Es importante que cambien los comportamientos y que los seres humanos se vean impelidos a respetar y apreciar, sin distinción de pertenencia étnica, creencia, sexo, condiciones socioeconómicas, de igual modo el medio ambiente, la flora, la fauna y todas las criaturas vivas que nos rodean».

Para recuperar las fuerzas de las que habla, se requiere que la mujer despierte al misterio de su propia feminidad...
Sí. Si las mujeres comprenden esto, podrán realizarse y salvar el orden vital...

¿Y cómo dialoga usted con su femenino?
El encuentro con lo femenino no procede de lo adquirido, sino de aquello de lo que nos desprendemos. Es el encuen-

tro con el misterio de las cosas. Es lo que carece de principio y de fin. Podemos hacer una analogía: no caminamos desde la ignorancia al conocimiento; progresamos en la ignorancia. Y el objeto del conocimiento consiste en adquirir conciencia de lo que nos separa del conocimiento. La vida sólo tiene una finalidad: hacernos vivir nuestro camino de conciencia. Jamás descubriremos el ser de las cosas, pero nos acercamos progresivamente a lo que nos separa del ser de las cosas. La pregunta es: «¿Qué me separa de mi parte femenina?». Nunca seré lo femenino, pero advierto en mi interior lo que me separa de mi parte femenina. Se ha escrito que lo masculino y lo femenino eran Uno en el origen y que volverán a ser Uno en el Edén. Entonces sólo habrá un ser. Esta unión fundamental es el misterio vital de la unidad en la diversidad. El mundo de los fenómenos, como el de las ciencias, aboca a la fragmentación del ser, a la pérdida de la unidad. El ser separado de la unidad ya no piensa con su corazón y con todo su ser, sino con su sola mente. Pensar únicamente con la mente implica escindirse; es una actitud esquizofrénica. En cuanto pensamos con el corazón, unimos. Gracias a la meditación acerca del amor he logrado comprender su naturaleza. No hay otro misterio que el del amor, cuyo símbolo es lo femenino.

¿Y cómo meditar sobre el amor sin internarse en lo femenino?

2. LOS DOS SEXOS DEL ESPÍRITU

Entrevista con Edgar Morin

Desde hace medio siglo, Edgar Morin piensa en el surgimiento de una humanidad realizada así como en las condiciones necesarias para su eclosión. El pensamiento complejo que preconiza quiere abrazar la inmensa diversidad de lo vivo reconciliando los contrarios: nuestro tema es el suyo.

Pregunta: ¿Puede hablarnos del despertar progresivo de su feminidad interior? ¿Cuáles han sido las etapas decisivas de ese despertar?

Edgar Morin: La primera etapa, de naturaleza intelectual, comenzó en la década de 1950 con una frase de Michelet, que se hizo eco en mí de tal manera que permaneció grabada en mi conciencia: «Tengo los dos sexos del espíritu». Por otro lado, una primera etapa afectiva se vincula a la muerte de mi madre. Yo era muy joven, entonces tendría nueve o diez años. Aquella mujer constituía una presencia absoluta para mí. Como hijo único, ella me adoraba. No podía tener más hijos. Su muerte me aisló del resto de la familia. Entonces, ese despertar de lo femenino se manifestó en mí a la vez como una ausencia y como una presencia. Mi madre estaba presente, aparecía en mis sueños, y sin embargo había una ausencia. Por lo tanto, la pregunta acerca de lo femenino y del eterno femenino ha sido para mí una necesidad interior que, a un tiempo, estaba y no estaba presente. Así es como lo he vivido. Siempre he evitado atribuir el término "femenino" a ciertos aspectos de mi naturaleza. No obstante, soy de temperamento bonachón, muy poco agresivo; no participo en el universo de la competición económica, intelectual, ni en la lucha por la dominación, la preeminencia…, ese aspecto depredador que condiciona psíquicamente la mayor parte de los comportamientos en el universo masculino de la rivalidad. Yo no tengo la sensación de participar en ello. No diré que vivo interiormente en el universo femenino, pero advierto que tampoco estoy en ese universo masculino. Me encuentro en otro universo y, para definirlo, utilizo metáforas. Por ejemplo, digo: «Me considero vegetariano en un mundo de carnívoros». Se trata más bien de rasgos de carácter que tienden a diferenciar comportamientos normativos generalmente instituidos por los hombres. Al igual que en el plano de la relación amorosa, soy un "seducido" y no un "seductor". Por ejemplo, nunca me he dicho: «Adopto la decisión de seducir». Padezco, más que provoco, la seducción. ¡Usted me dirá que podemos seducir y dejarnos seducir!

¿Ha tenido que deshacerse, en un determinado momento de su vida, de la impronta cultural de nuestra sociedad, que tiene tendencia a privilegiar los comportamientos competitivos sobre los comportamientos de acogida, atención y receptividad, más femeninos?

He sufrido muy poco la impronta cultural. Por otro lado, mi familia no me ha infligido ninguna impronta educativa. He hecho solo mi "lectura vital". Y no he tenido que descubrir en mí nada que estuviera humillado por una educación excesivamente masculina. Al contrario, como era hijo único y mi padre insistía en protegerme de muchas cosas, experimenté la necesidad de liberarme de esa atadura. Arriesgué mi vida durante la ocupación. Pero esto lo considero más bien asuntos existenciales y juveniles, no inherentes a la condición masculina. No he sentido la necesidad de desprenderme de un modelo machista que me habrían impuesto desde el exterior. Evidentemente, ese modelo no se correspondía con mi naturaleza. Adquirí mi cultura como autodidacta. Si experimento en mí la atracción de lo femenino es principalmente porque en ello reside una dimensión de la que carezco y que me es necesaria…

¿Podría profundizar en esta última afirmación? ¿Lo femenino ha continuado siendo un misterio para usted?

Es difícil responder con precisión… Cuando lo femenino esta presente, no puedo diferenciarlo por exclusión, por ejemplo diciendo: «Mira, mi parte femenina está ahí porque la masculina no está». Se encuentra en mí de un modo difuso. Y a un tiempo está ausente. Usted ha empleado la palabra "misterio". Es verdad es que soy muy sensible al misterio del ser y que lo encuentro más profundamente arraigado en el ser femenino que en el masculino. Puedo encontrar rostros masculinos muy hermosos… ¡Me gustaría identificarme con Kevin Costner! Quizá porque este actor ha interpretado, en la película *Bailando con lobos*, el papel de un humanista interesado en el bienestar de los indios. ¡Indudablemente, eso me ha influido!

¿Cuál es la naturaleza de ese misterio que le atrae más en una mujer que en un hombre?

Lo que me fascina, ante todo, es el misterio del ser. Por ejemplo, mi gata me fascina porque vive su ser de gata con toda naturalidad. Esta fascinación por el misterio del ser se concentra, para mí, más esencialmente en lo femenino que en lo masculino. No obstante, en mi vida siempre he tenido dificultades a la hora de favorecer a un extremo en detrimento del otro y, además, no es casual si en la mayor parte de mis escritos hablo tanto de la dialéctica de la vida y de la muerte. A menudo he intentado analizar ese aspecto de mí mismo y he encontrado valiosos indicios en las circunstancias de mi nacimiento. ¿Qué he llegado a descubrir? Mi madre se vio afectada por la gripe española, que le provocó una lesión coronaria. Debido a ello, los médicos le prohibieron tener hijos, cosa que se negó a contarle a mi padre. Quedó embarazada una primera vez y abortó clandestinamente gracias a la intervención de aquellas mujeres que en la época se conocían como "hacedoras de ángeles". Se quedó embarazada una segunda vez. De nuevo, decidió abortar, pero esta vez no funcionó. El polichinela, que era yo, se aferraba. El secreto tuvo que ser revelado a mi padre. La partera le informó: «No podremos salvar a la madre y al hijo». Dicho de otro modo, para que mi madre viviera, era preciso matarme. Y si se decidía que naciera, mi madre moriría. Ella llevaba mi muerte en su seno; yo llevaba la suya. Al nacer me dieron por muerto, ahogado con el cordón umbilical. Tuvieron que reanimarme durante media hora antes de que llorara. Por lo tanto, desde el principio hubo entre mi madre y yo una formidable relación de vida y muerte; una relación intensa a la vez que inconsciente. Durante los años siguientes, su amor por mí fue abrumador. Yo era ni más ni menos que el niño del milagro. Recuperé la intensidad de esa relación a los nueve o diez años, cuando murió mi madre. Ella ya no está, y sin embargo aún hoy permanece viva. Creo que esa experiencia personal de proximidad entre la vida y la muerte en el acto de mi nacimiento ha sido un factor que influyó en la eclosión de mi alma de dialéctico. Soy a un tiempo alguien racional y místico, un escéptico que tiene fe, etc. Siendo místico, irracional y femenino, a menudo se me ha exigido, en mi vida, que me sitúe bajo el control de la racionalidad.

Esto hace que frecuentemente me haya sentido al borde de un abismo y que a menudo me haya detenido en él. Y, curiosamente, todas las mujeres que me han fascinado albergaban en ellas un aspecto de ese abismo, indudablemente la parte de locura que he reprimido en mi interior y que me hacía pensar que yo tenía un elemento de la locura del que ellas carecían. Cuando digo "locura" no me refiero a lo que los ignorantes llaman "lo irracional", sino a algo que se encuentra más allá: lo que se da antes y después de la racionalidad. Y, al mismo tiempo, en lo que llamo "locura" hay la fascinación de algo que se exalta a tal punto de incandescencia, de intensidad, que se convierte en mortal.

Utiliza términos poderosos como incandescencia, intensidad, abismo, inversión de vida y muerte y viceversa. Eso me hace pensar en una experiencia más allá de los límites, como el éxtasis...

Sí, yo soy muy sensible al éxtasis. Para mí, el éxtasis presenta dos orígenes. El primero es la contemplación: santa Teresa de Ávila conoció el éxtasis a través de la aparición de Jesús. Y el segundo es un origen erótico. En el amor, los dos se encuentran. La unión de la contemplación y del eros constituye un éxtasis que sólo me procura el ser femenino. En ello reside mi fascinación.

¿En qué interrogantes psicológicos, metafísicos o espirituales ha desembocado su parte femenina?

Lo que me irrita en su pregunta es que usted parece separar lo masculino de lo femenino. Me pide que haga un esfuerzo intelectual y que me concentre en el aspecto femenino de mi ser, excluyendo el masculino. Puedo centrarme en mi parte femenina, pero no puedo escindirla. Mi parte masculina está en la femenina y mi parte femenina en la masculina.

Planteando la pregunta de otro modo, y a la vista de que esta relación íntima de lo masculino y lo femenino puede contemplarse como una pareja interior, ¿cómo ha observado usted la evolución de esa pareja en su fuero interno?

En realidad, no he sufrido un proceso de liberaciones sucesivas. Pienso que hoy soy el adolescente que era. No recuerdo haber conducido maquinarias, haber practicado juegos malabares ni haber tenido un gusto excesivo por la competición, y más tarde experimentar un vuelco que me alejó de todo aquello. Sólo puedo volver a esa sentencia de Michelet que fue tan esclarecedora aun antes de que trabajara acerca del problema del espíritu, del cerebro y de la evolución de los dos hemisferios. Desde el principio me impresionaron quienes decían que los contrarios eran indisociables, sin que uno deba excluir a otro. Pienso sobre todo en Hegel y Heráclito. Por medio de mis estudios y conocimientos, se desarrolló en mi conciencia la idea de la complejidad, convencido de que todos los antagonismos son complementarios, que los extremos que parecen excluirse se necesitan el uno al otro. En ello radica la base de mi filosofía de la complejidad: todo lo que la gente contempla como elementos antagónicos son en realidad complementarios y se fecundan mutuamente. Esta idea ocupaba mi espíritu desde mucho antes de mi adolescencia. A los trece o catorce años ya me fascinaba todo cuanto incitara a la duda. Tanto en mis lecturas de Montaigne o de Anatole France como en todo lo que me impulsara a la fe y a las fusiones místicas, como por ejemplo en Dostoievski. Vivía pulsiones contrarias, y hubo un momento en el que comprendí que una no valía más que la otra, sino que debían coexistir. Con esta configuración mental, puedo comprender la complementariedad de lo masculino y lo femenino así como la presencia de lo femenino en mí.

En una emisión en Arte, usted se rebelaba contra el exceso de valores masculinos que hemos desarrollado colectiva-

mente en detrimento de otros valores. Decía: «Estamos en una época en la que predomina el activismo, en la sobreproducción de bienes materiales. Nos hemos lanzado a la agitación y buscamos lo que nos falta». Según su opinión, ¿qué es lo que nos falta?

Nos falta cuanto estaba presente en nuestra civilización y hemos rechazado, es decir, la poesía, la música, la cultura, la sensibilidad. Además, en nuestra civilización se han reprimido valores que continúan estando presentes en otras. Pienso de manera muy especial en el silencio, la contemplación y la meditación. En nuestra cultura, todo ello ha sido limitado por el activismo. Éste es un primer punto. Pero me gustaría volver a un aspecto fundamental de mi concepción de las cosas.

En principio, creo en la fraternidad. Uno de los aspectos importantes que descubrí cuando trabajaba en el problema de la vida –y que trato de aclarar en mi libro *Tierra-Patria*– es la idea de que no puede haber hermanos sin madre. Es la idea de *matria*. La idea de que lo maternal es algo fundamental y anterior. En otro libro, *El paradigma perdido* desarrollo esa tesis, de la que por otra parte no soy autor, pero que me parece esencial: en la historia de la hominización, en un principio están la madre y los hijos. En el caso de los chimpancés, por ejemplo, no existe el padre; no se sabe quién es el padre. Y a lo largo de la evolución de las civilizaciones –las arcaicas nos lo han demostrado claramente– los hermanos de la madre pueden desempeñar el papel de tío como un rol de autoridad paterna. Dicho de otro modo, el padre, reconocido como progenitor, llega tardíamente. El padre es un rezagado, casi un perturbador. Por ello se desarrolló el tabú del incesto. Se ha creído que este tabú afectaba a la relación madre-hijo. Según mi opinión, no se trata de ello en absoluto pues, una vez más, en los chimpancés no existe el incesto entre la madre y el hijo convertido en adulto, simplemente porque pienso que la cohabitación crea una especie de inhibición natural espontánea. Será sobre todo ese extraño en la casa –el padre– quien tarde o temprano querrá tomar a la hija. Pues el padre es un intruso, un ser peligroso, siendo simultáneamente el protector. Esta idea es la inversa del mito de Freud, que se ha convertido en una creencia. Para Freud, todo comienza con el padre. Hay un caudillo de la horda. Y hay que matar al padre para crear una sociedad que tenga reglas. Ahora bien, según mi punto de vista, no se trata de «En el principio fue el padre», sino «En el principio fue la madre». Pues la idea de maternidad, central y crucial, me ha parecido cada vez más importante en lo que respecta a los fundamentos de la fraternidad. La fraternidad se basa en una relación con la madre. Por esta razón empleo a menudo la palabra *matria*.

¿Por qué no ha titulado su libro Terre matrie *en lugar de* Terre patrie *(Tierra-Patria)?*
Porque *patria* es una palabra masculina-femenina. Comienza como masculina y termina como femenina. Y como defino patria por el hecho de tener un sentimiento de identidad, de origen y de destino común, estas tres nociones me permiten decir: «Tengo una patria en la que hay un factor de autoridad responsable que está simbolizado por el padre».

¿Ha constatado una evolución del lugar de lo femenino en la cultura occidental? Según usted, ¿tienen los valores femeninos la oportunidad de lograr un mayor espacio en el futuro?
Ha sido una tendencia que se ha acelerado a partir de la década de 1970. En ese momento surgió un movimiento neo-feminista que era diferente del antiguo feminismo. El antiguo feminismo decía: «Somos como los hombres. Queremos los mismos derechos que los hombres». El nuevo feminismo dice: «Somos diferentes, pero hemos de tener los mismos de-

rechos». Es decir, se ha dado una ruptura entre el feminismo clásico, que se extiende desde las sufragistas hasta Simone de Beauvoir, y esta nueva idea basada no ya en la identificación hombre-mujer, sino en la diferencia en la igualdad. Mientras que antes las revistas femeninas trataban de mantener a las mujeres en su condición de mujer-objeto: «Sed hermosas, coquetas, seductoras, distraed a vuestro marido…», hemos visto cómo las nuevas revistas han centrado sus editoriales en los temas candentes: «Envejeceréis», «Vuestros hijos se marcharán de casa». En lugar de infantilizar a las lectoras, se han encargado de plantear problemas. Podemos observar una evolución análoga en el mundo del cine: hemos pasado del eterno *happy end* a finales más imprevisibles y no necesariamente felices. Por otra parte, el acceso a los cargos públicos y políticos aún sigue siendo muy difícil. Desde el punto de vista de las costumbres ha aparecido el fenómeno de los padres maternales, que existían en Estados Unidos desde hace mucho: el hombre que fregaba los platos, empujaba el carrito y se cuidaba de los hijos. Ha tenido lugar una feminización de los roles masculinos y, de este modo, las mujeres han podido trabajar y masculinizar sus roles sociales. La dualidad masculino-femenino se vuelve necesariamente compleja. La ropa *unisex* aparece no para uniformizar, sino para permitir ese doble juego. Todos esos signos muestran una cierta evolución.

Señala que nuestra civilización ha pasado de la identificación hombre-mujer a la diferencia hombre-mujer en la igualdad. ¿Puede inventarse algo nuevo? Paule Salomón habla de androginia: «El andrógino es el ser de la reconciliación por excelencia, la perfección de un mundo perdido, de un mundo anterior a la ruptura». Según su opinión, ¿el andrógino es una creación de nuestro imaginario o una realización futura, por venir?

Es la actualización de nuestras dos potencialidades. Es un mito de síntesis interior… Creo que podemos convertirnos, relativa e incompletamente, en andróginos.

Está claro que el objeto principal de su búsqueda y de sus preocupaciones camina en el sentido de una resolución de las paradojas: el todo y la parte. Cómo salvar a un tiempo la unidad y la diversidad, afrontar una conciencia planetaria y la fragmentación, dar y recibir… ¿Esta búsqueda de la armonía de contrarios no pertenece a una función específicamente femenina de la conciencia? Es decir, ¿habría una forma de racionalidad femenina –globalizadora, holística– que contrastara con la racionalidad masculina al uso, divisora y reduccionista?

La complementarización va más allá de lo masculino y lo femenino. Los engloba y hace emerger una humanidad realizada.

3. EL SER ÍNTIMO
Entrevista con Marie de Hennezel

¿Qué es lo que ocurre, íntimamente, cuando muere un hombre o una mujer? Gracias a su acción y su experiencia como acompañante en el lecho de los moribundos, Marie de Hennezel manifiesta la necesidad de una reconciliación interior que, más allá de los sexos, desemboque no sólo en la globalidad del ser, sino también en todos los afectos reprimidos durante la existencia: ¡cuánto tiempo perdido!

Pregunta: ¿La asistencia a personas cuya vida toca a su fin es en usted una vocación?

Marie de Hennezel: La interioridad me ha interesado siempre. Yo era una niña bastante introvertida, una niña que tenía una vida interior. Y me encantaba explorarla. Por eso cursé estudios de psicología. La asistencia a moribundos resultó, para mí, la quintaesencia de mi trabajo como psicóloga. Advertía que esas personas tenían la capacidad de ensimismarse. Debilitados por la enfermedad, angustiados, estaban preparados para encontrarse consigo mismos. Alguien en plena posesión de sus facultades, inmerso en la vida activa, se plantea menos preguntas. Son los gritos viscerales y el sufrimiento lo que nos lleva a establecer contacto con nosotros mismos.

En mi libro *La muerte íntima*, soy consciente de haber superado dos tabúes. Todo el mundo se muestra de acuerdo respecto al tabú de la muerte, pero existe un enorme tabú del que se habla poco: el de la intimidad. La mayoría de las personas no hablan de sus sentimientos profundos. Les cuesta mucho expresar sus sentimientos, especialmente cuando se trata de sus allegados. Vivimos en una gran pobreza afectiva que no advertimos en los centros donde la gente trabaja por sí misma, pero en el hospital encuentro todas las clases sociales, y afirmo que, en la gran mayoría de los casos, nuestros coetáneos no saben escucharse a sí mismos; son más incapaces que nunca de compartir lo que sienten.

¿Qué papel ha desempeñado su análisis junguiano con Élie Humbert en la eclosión de su feminidad interior?
La feminidad interior aparece a través de las imágenes masculinas del *animus* en la mujer, y no a partir de las imágenes de *anima* (véase pág. 69). Antes de mi análisis, en mis sueños aparecían imágenes de *animus* poco agradables: hombres minusválidos o mutilados. En el transcurso del análisis, esas imágenes evolucionaron y dejaron lugar a otras, más armoniosas. Y, progresivamente, he podido desarrollar en mí las funciones, sentimientos y sensaciones que habían sido castradas. Poco a poco, mi facultad de entrar en contacto con mis sensaciones y mis sentimientos volvió a la vida. Definiría mi feminidad interior como mi capacidad de sentir, de emocionarme. Se desarrolló con la aparición de hombres *anima* en mis sueños. En efecto, los *animus* que surgían al final de mi análisis eran especialmente sabios. Figuras de sacerdotes y místicos. Hombres que conocían los secretos de la naturaleza y la respetaban. Esto tiene una relación directa con el trabajo que ahora realizo junto a los moribundos. En diez años asistiendo a estas personas he comprobado que no soy la única que ha visto mutilada su afectividad. Ocurre con la ma-

yor parte de nuestros coetáneos, que nunca han prestado atención a lo que sentían, a lo que experimentaban, y que se han atrevido aún menos a expresarlo a los demás. En esos momentos postreros en los que tenemos conciencia del poco tiempo que nos queda de vida, entrar en contacto con el ser íntimo y afectivo, ir hasta el fondo de uno mismo, se convierte en una necesidad real. Estoy especialmente atenta para acoger y alentar esa relación consigo mismo. Para mí constituye el sentido mismo de la asistencia. Dejar espacio para lo que está por llegar.

¿En algún momento de su vida ha atravesado una fase de rebeldía viril?

El deseo de ser un hombre o llevar pantalón, no. Nunca he abrigado reacciones feministas o el deseo de pertenecer a una solidaridad de mujeres que se aliarían contra los hombres. Como todo el mundo, he estado rodeada de hombres machistas, pero ante ellos no he sentido el deseo de castrarlos o arrebatarles su poder. Me considero más bien en la categoría de mujeres seductoras. He tratado de comunicarme con ellos o de invocar su *anima*. Es verdad que hay mujeres que lanzan su *animus* en guerra contra el hombre, pero en lo que a mí respecta siempre he intentado entrar en contacto con el *anima* de los hombres. ¡Y tengo la sensación de no haber fracasado del todo! Era una manera de no exponerme a un espacio competitivo. Además, la mía no es una profesión que exija cualidades viriles. He elegido un oficio de atención al otro, que lleva su tiempo y que está al margen del bullicio…

La haptonomía –ciencia de la afectividad creada por Frans Veldman– ha desempeñado un papel importante en su vida…

Sí, la haptonomía es un enfoque de apertura que estimula la capacidad de sentir, de abrirse y aceptar. Según mi opinión, es un camino que llega más lejos que el análisis porque tiene en cuenta la corporalidad animada. Nuestro modo de estar en nuestro cuerpo pasa por la piel. Crecemos gracias a los contactos de la epidermis, que registra los estímulos positivos y negativos de lo que hemos vivido. Este contacto con la piel puede inducir la recuperación de un estado de apertura y acogida. Sin embargo, muy a menudo nos retraemos para protegernos de las agresiones del mundo exterior. La haptonomía permite igualmente que nos abramos a nuestra intuición, que es ese contacto más allá del espacio-tiempo. Alentar ese eje permite desarrollar un sentimiento equilibrado.

Tengo entendido que en haptonomía se emplean mucho los conceptos de afectividad y efectividad...

Es cierto que el mundo de la efectividad, de la competitividad, de la eficacia corresponde a los valores sostenidos por el mundo masculino. Mientras que la acogida, aceptar las cosas como son, pertenecen a virtudes de esencia femenina. Frente a todo cuanto rechaza nuestra sociedad: la vejez, el sufrimiento, la minusvalía, todo lo que evoca la castración, advertimos claramente que nuestro mundo, que se basa en la efectividad, no está dispuesto a asumir ese aspecto tenebroso.

Al comienzo de mi análisis con Élie Humbert soñaba mucho con los carmelitas. En un principio rechacé esas imágenes. A continuación fueron volviéndose cada vez más luminosas. Recuerdo un sueño en el que una mujer tenía el cabello largo y otra rapado. Para mi gran sorpresa, esta mujer a quien habían cortado el cabello llevaba muy bien el cambio. Era una imagen muy vívida de castración simbólica. Relaciono esto con una pregunta que me plantean frecuentemente: «¿Cómo soporta en la vida cotidiana el hecho de afrontar permanentemente el sufrimiento ajeno?». No sé explicarlo, pero es algo que acepto. Nunca me he rebelado contra la muerte. Mi energía se encamina a buscar la parte luminosa de lo que rechazamos, de lo que nos da miedo... Mi pregunta siempre ha sido: «¿Qué hay más allá de las apariencias?».

Al leer su libro o escucharla, siento como milagrosa la relación que establece con esos seres en la agonía, en el sentido de que tiene lugar un cambio total de perspectiva respecto a sí mismos, la vida y sus allegados... Un cambio que han podido esperar toda su vida y que repentinamente es inducido, de un modo a la vez tan simple y extraño, por la presencia a nuestro lado de un ser que nos acoge y nos escucha...

Esa idea de lo milagroso es interesante... "Milagro" viene de *mirare*, que quiere decir "contemplar con admiración". Creo que el *milagro* se produce cuando adoptamos, respecto a una realidad, una perspectiva suficientemente amplia que no se agota con la primera apariencia. En mi trabajo, muy a menudo me admiro ante lo que emerge en las personas a las que asisto. Es esa mirada la que procuro transmitir. Todo depende de la perspectiva que adoptemos. A partir de una misma realidad, otra persona podrá armarse de una perspectiva completamente diferente. A diario encuentro familiares de moribundos que me dicen: «Es terrible, sufre; sería mejor que acabara ya, es espantoso...». Yo percibo otra cosa. El milagro puede producirse gracias a esta mirada. Siempre interactuamos porque hay numerosos niveles de realidad. Yo lo vivo en el día a día. Creo que nuestra responsabilidad como personas que asisten a quienes sufren consiste en abrirnos a ellos y contemplarlos con admiración... Si proyectamos una mirada completamente sombría y desesperada sobre esta realidad y nos apegamos sólo a la degradación física y al sufrimiento, no tendremos ninguna oportunidad de descubrir que hay algo más que la aparente realidad de la existencia. Una mirada confiada alienta y permite esa aparición.

Esos moribundos son sus maestros...
Sí, me enseñan que lo humano tiene una capacidad de transformación extraordinaria. Es una gran lección. Refuerza nuestra confianza en el inconsciente, en el Sí mismo, en la capacidad de caminar hacia uno mismo y realizarse.

¿Tiene la impresión de que, después de muchos años, este trabajo de asistencia a los moribundos se lleva a cabo de manera consecuente en los hospitales?
Creo que hay una enorme tarea que realizar. La afectividad da miedo. Sin embargo, hay una evolución allí donde las mujeres que ocupan puestos de responsabilidad muestran esa predisposición, ya sean médicos o enfermeras. Cuanto más se acercan las mujeres a los enfermos, más cambian las cosas. Las enfermeras y los cuidados paliativos pueden favorecer enormemente esa apertura. Pero al mismo tiempo, pese a toda su buena voluntad, esas mujeres se sienten muy aisladas porque viven en un ambiente extremadamente técnico, que establece distancias y que aún sigue siendo muy masculino.

¿De dónde viene el miedo al encuentro con la intimidad?
Es el miedo a que nos invadan las emociones. La intimidad es un tabú. Tenemos mucho miedo a la explosión emocional, a desmoronarnos, al juicio de los demás. En la unidad en la que he trabajado, hemos desarrollado tareas de afectividad y, más tarde, el hecho de desmoronarse ya no se vive como una debilidad, sino, al contrario, como una señal de confianza al resto del equipo. Pero es una excepción. En otros lugares no ocurre así. Esto nos remite al hecho de que en nuestra sociedad no hay lugar para lo afectivo, lo íntimo.

¿Qué formación en "afectividad" reciben las enfermeras o el personal sanitario?

No soy yo quien los ha formado, pero los he animado a seguir una formación en haptonomía. Además, es algo que se transmite por la manera de ser. Cuando llega una enfermera joven y observa cómo una compañera mayor permanece físicamente junto a un paciente y se mantiene tranquila mientras éste estalla en sollozos, aprende no sólo que esto es posible, sino también que está permitido. Comprende que puede acoger la emoción sin ser destruida por ello. Este trabajo es excepcional y está lejos de haberse extendido a todos los centros hospitalarios. Por otro lado, mi libro ha desencadenado numerosas polémicas sobre este tema.

¿A qué reacciona la gente?

A la proximidad física... Piensan que es peligroso para las enfermeras que se acerquen demasiado a los pacientes. La polémica no tiene en cuenta el hecho de que hemos trabajado, que nos hemos proporcionado los medios para conseguirlo. Todo cambio exige que nos demos los medios para cambiar. Esto quiere decir formarse, modificar las relaciones jerárquicas en un equipo, hablar unos con otros, lo que no hacen la mayor parte de los equipos. No hay tiempo para la conversación, el intercambio, para compartir; cada uno vive solitariamente. Es un mundo terriblemente estrecho y todo lo que tiene relación con lo afectivo, con el alma, con el sentimiento, carece de lugar en nuestra sociedad. Somos robots. Ahora bien, contemplar implica depositar la mirada en cuanto nos rodea. Una mirada vasta, una mirada que acoja cuanto existe.

4. HOMBRES Y MUJERES DE HOY... ENTRE SEMEJANZAS Y DIFERENCIAS

Jacques Salomé

Habría que establecer un nuevo contrato social: no ya entre clases gobernantes y gobernadas, sino, mucho más eficazmente, entre hombres y mujeres. Y ello no para invertir roles ilusorios; más bien al contrario: para suscitar nuevas complementariedades, creadoras y positivas.

Desde hace muchos decenios, son las mujeres las que más frecuentemente, con mucha tenacidad y entusiasmo, se han hecho cargo del progreso en materia de comunicación relacional. Son pioneras en el dominio de la mejora de la comunicación íntima, en la búsqueda de un mayor bienestar, la diversificación de la vida, la apertura vital a los demás.

Los hombres, a los que pertenezco, se han visto sobre todo impulsados por el éxito profesional, por las conquistas y el imperio sobre la materia; han permanecido obnubilados por la comunicación de consumo. La que domina, intensamente, hoy día, porque se confunde con la circulación de informaciones, con la inflación de instrumentos de comunicación. La que se pierde y se diluye en discusiones, la que aspira a la apropiación de las ideas, a la imposición y uniformización de los intercambios. Esta comunicación de consumo se encuentra en las antípodas de la comunicación relacional, que aspira a una puesta en común, a confrontaciones o intercambios creativos.

La comunicación de consumo desprecia intensamente la ternura, descuida la riqueza potencial de los múltiples lenguajes infraverbales, el de las vibraciones sutiles que pueden circular entre los seres vivientes. Sin embargo, ¡cerca del 70 % de la comunicación humana pasa por modalidades no verbales!

A menudo me preguntan: «¿Qué ha cambiado entre los hombres y las mujeres desde hace algunos años?».

Nada sustancial y evidente respecto a las apariencias, los estereotipos y los arquetipos de lo masculino y lo femenino. Ya se trate del dominio personal o público, subsisten las desigualdades; las relaciones de fuerza y a menudo de violencia o de seducción continúan rigiendo los intercambios y las relaciones entre hombres y mujeres.

Los modelos relacionales de dependencia, manifiestos o velados, siguen estando presentes, dominantes y activos. Originan interacciones en su mayor parte desequilibradas, incluso terroristas, a veces violentas, siempre difíciles y conflictivas.

Sin embargo, al mismo tiempo, muchas cosas han cambiado en lo esencial y en la naturaleza misma de las necesidades y expectativas de cada uno en materia de comunicación.

Las mujeres desempeñan una parte activa en estos cambios profundos. En ellas han tenido lugar mutaciones irreversibles, lenta, progresiva e irresistiblemente. Las embarga una aspiración real, activa, auténtica y exigente, una cualidad de relación buscada en los intercambios abiertos y una cooperación creativa.

Las anima una preocupación vital, imperiosa, de respetarse y prestar atención a sus necesidades como mujeres. Sobre todo se muestran capaces de proporcionarse los medios para que su propio valor no dependa del hombre. Lo que también ha cambiado es el deseo de una mayor reciprocidad en los afectos, emociones y sentimientos.

Testimonios

Lo que dicen las mujeres:

«Muchas veces le pregunto lo que siente. No me conformo con respuestas vagas, generales, en un nivel mental; aguardo una expresión emocional, visceral.»

«Le pido que manifieste sus emociones y también que expreso lo más difícil, la multiplicidad de sentimientos, su coloración infinita y resplandeciente, su profundidad variable, su densidad cíclica...»

«Entre el blanco o el negro de una declaración, de una afirmación, soy sensible a la gama de rosas, grises, amarillos, azules, violetas...»

«Lo que ha cambiado es mi perspectiva de lo que hasta ahora me parecían evidencias. Es mi receptividad y mi atención a todo lo implícito que fluye entre nosotros. Es mi actitud, más lúcida ante mi propia ceguera.»

Y sus compañeros varones nos cuentan:

«Ya no me conformo con darle a conocer mi punto de vista, mis ideas, o hacer discursos sobre ecología o el hambre en el Tercer Mundo. Ella espera que adopte una postura, que me defina personalmente, que ponga en práctica mis ideas en el día a día. Ya no le satisfacen las intenciones o los buenos sentimientos. ¡Con ella, el Tercer Mundo no está a cinco mil kilómetros! Está aquí, muy cercano, real, en presente, en la mesa del comedor, en el lecho conyugal...»

«Lo que ha cambiado con ella es que ya no interviene en mis deseos o proyectos sin discusión, sin un posicionamiento que refleje lo que siente. A veces, cosa que no se habría atrevido a hacer antes, puede incluso afirmarse mediante un rechazo, si no se reconoce en mis exigencias.»

«Me ha hecho descubrir la diferencia entre fidelidad a uno mismo y fidelidad al otro. En nuestra relación, hoy privilegia la fidelidad a sí misma. También me estimula a respetar más mis propias opciones vitales…»

«Es nueva la naturaleza de sus exigencias; hay menos chantaje emocional, menos quejas, menos acusaciones y reproches…»

«Ha cambiado el reparto de roles. Ya no se dan fijos y definidos para siempre. Tengo la sensación de que me empujan a inventar nuestra relación en presente…»

Cada una de las mujeres y hombres cuyos testimonios recogemos aquí confirman la toma de conciencia y las nuevas expectativas respecto al desarrollo de otra receptividad necesaria u otra forma posible de puesta en común. Para vencer y superar las trampas y malentendidos de la seudocomunicación en la que, por otro lado, no sabían que estaban atrincherados desde hacía tiempo, pero que ellos (sobre todo ellas) reputaban insatisfactoria, alienante, poco enriquecedora.

Lo que ha cambiado es el deseo de una mejor coexistencia entre dos libertades a menudo antagónicas: la de poder amarse y la de amar la libertad del otro. Es una aspiración a la madurez, una ampliación y un crecimiento de la reciprocidad, más allá de una completa "fecundidad exterior" investida en un proyecto de procreación.

Los hombres y mujeres de hoy viven la pareja como un lugar de transformación personal que les permite acceder a una doble intimidad. Intimidad común y compartida, intimidad personal más reservada.

«Acepto mejor las diferencias y aun las divergencias. Antes toda diferencia degeneraba en conflicto. ¡El conjunto de nuestra relación corría peligro si mi mujer tenía un punto de vista diferente al mío!»

«Me arriesgo a sus reacciones irritadas o denigrantes cada vez que lo remito a sí mismo, pero advierto que ese posicionamiento constante, que mantengo para hacerme respetar, merece la pena...»

«He comprendido hasta qué punto contribuía, con mi actitud, a alimentar malentendidos e insatisfacciones en nuestras relaciones. Me doblegaba a cada una de sus exigencias, incluso las anticipaba. Siempre estaba disponible cuando me llamaba de improviso, ¡y al mismo tiempo tenía la desagradable sensación de que me tomaban por tonta! He descubierto que, en lugar de esperar su decisión, podía adoptar una posición propia y que arriesgándome a tomar mis decisiones lo ponía en la situación de posicionarse a su vez.»

Todas estas evoluciones, estos cambios, no se suceden sin algunos sufrimientos y a veces incluso la decisión de separarse. A veces se dan nostalgias y lamentos, como en este último testimonio:

«¿Cuál es hoy el sentido de mi existencia como mujer? Soy una mujer de la generación de los encuentros en los que son los hombres quienes se acercan y después se marchan, impulsados más por sus miedos que por el movimiento de su deseo. No concibo un mañana de nuevos encuentros. Me construyo en soledad, con lo mejor de mí misma.»

Lo que ha cambiado de forma notable es la naturaleza del sueño vital de cada uno.

Las mujeres ya no se conforman con proyectar en sus compañeros ese sueño vital cuya realización les fuera enteramente confiada. Ya no depositan en los hombres ese sueño de felicidad segura e indestructible al precio de un amor sin fin, garantía eterna... gracias a su propia constancia o sumisión.

Se hacen más responsables en la búsqueda de un bienestar en común... Hoy las mujeres han pasado de un idealismo romántico a un realismo relacional tierno y lúcido, inscrito en el presente, activo y abierto a las relaciones de reciprocidad, de co-creatividad y co-asistencia.

También hay que decir que ha cambiado el precio que hay que pagar, que algunas sopesan y evalúan; éstas aceptan el riesgo de no dejarse definir, consumar o dirigir. Están dispuestas a soportar la prueba de la incomodidad e inseguridad; a veces aceptan una mayor soledad para seguir haciéndose respetar.

Las mujeres de cuarenta años de hoy día a menudo se muestran radiantes y espléndidas de desbordante vitalidad, de dinamismo y entusiasmo por una vida que se construye en el día a día... Están dispuestas a ofrecer amor, a recibir jovialidad... Sin encontrar siempre un compañero a la altura de sus aspiraciones. Sin hallar un aliado liberado de sus propias heridas vitales, atento a su vulnerabilidad personal, reconciliado con su parte femenina.

La invitación que dirijo a las mujeres puede resumirse así: «¡Animaos!». Animaos a domesticarnos, animaos a guiarnos para iniciarnos y darnos la oportunidad de encontrar lo mejor de nosotros mismos, para que nos familiaricemos con lo femenino que hay en nosotros, para compartirlo sin rivalidad, sin competencia, con lo mejor de vosotras.

5. LA FECUNDIDAD INTERIOR
Entrevista con Annick de Souzenelle

¿Qué nos enseña profundamente nuestra existencia? Que todo sucede como si debiéramos realizar nuestras vidas en el mundo, en el exterior, pero también en el ser, en el interior de nosotros mismos. El trabajo con la conciencia no puede realizarse sin un trabajo con el inconsciente. Annick de Souzenelle, que ha publicado un libro notable acerca de lo "femenino en el ser", nos habla de sus convicciones y esperanzas.

Annick de Souzenelle: Todos estamos "por hacer"… El hombre de hoy no es el hombre definitivo. Por el momento, el hombre se identifica mucho con su inconsciente. Sin embargo, desde el principio de los tiempos se da una lenta extensión de la conciencia, que continuará hasta el fin de los tiempos. El hombre es comparable a un árbol que crece y cuya savia fluye. El tema de la fecundidad es pues esencial. Pero durante mucho tiempo se ha confundido el fruto de ese árbol, y por lo tanto el objeto mismo de la fecundidad, con el hijo que la pareja trae al mundo. Se bendice al hijo, pero éste no es la finalidad, no es el fruto. En mis obras, a menudo centro la atención en lo que en el *Génesis* se ha dicho sobre la creación del hombre, de Adán: «A imagen de Dios»; «los creó varón y hembra». Comprendemos que en un primer nivel, el del sexto día, que también asiste a la aparición de los animales de la Tierra, Adán es, como estos últimos, "macho y hembra" en las categorías biológicas, y está destinado a la procreación. Pero en otro nivel, que será objeto del séptimo día, el hombre en tanto que imagen de Dios es llamado a dar un paso esencial en la realización de esta imagen, y los vocablos "varón y hembra" adoptan entonces otro sentido: es "varón" el que (o la que) "recuerda" ese otro "aspecto" de sí mismo (¡y no una "costilla"!),[*] imbuido de la imagen divina; se trata, en esa dimensión "hembra", de la feminidad interior de todo ser humano, un aspecto que aún no discierne debido a su inconsciencia, pero rico en un increíble potencial.

Desposar ese femenino para reforzar la "imagen", como de hecho crece un niño en el vientre materno hasta alcanzar la "semejanza con Dios", es, por lo tanto, la vocación real del hombre (hombres y mujeres). Podemos prolongar la analogía y decir que el estado de "semejanza" es el de un niño interior dispuesto a nacer en el noveno mes de una gestación esencial. Al concluir, se realiza lo que sólo era potencial, lo inconsciente se transmuta en conciencia. El árbol ha dado su fruto: el hombre deificado.

Ésta es la verdadera fecundidad.

Desgraciadamente, todavía hoy leo muchas obras de teólogos que siguen confundiendo ese femenino en las profundidades de todos con la mujer exterior, que entonces se oculta de una u otra manera...

---

[*]   Juego de palabras intraducible entre *côté*, "lado o aspecto", y *côte*, "costilla". *(N. del T.)*

¿Se ha detenido la humanidad en ese estadio, y las Iglesias toman parte en ese reduccionismo?

¡Sí, las instancias religiosas se han detenido ahí, dramáticamente! En Occidente, hasta el Concilio Vaticano II el matrimonio sólo tenía como finalidad la procreación. Se culpaba terriblemente a una pareja sin un hijo. La unión que se realizara al margen de este propósito también era condenada. ¡Lamentable!

Ha dicho que el hombre está por hacer... Gracias al encuentro amoroso, especie de estado de iluminación, ¿no tenemos inconscientemente la impresión de que al fin el ser amado nos ayudará a que brote en nosotros ese germen potencial de humanidad que no logramos que emerja solo? ¿Puede la relación de pareja constituir una senda evolutiva hacia ese futuro del que habla?

Estar enamorado tiene una magia cuya locura, en el hombre o en la mujer, deriva de ese mismo "flujo de savia" que evocaba hace un momento. Pero, en este caso, ese flujo de savia se da "en horizontal", recuperado en las relaciones humanas; ya no es el objeto del matrimonio interior que le asegura la verticalidad del ser y lo lleva hasta la experiencia de la "locura en Dios". En el hombre, esta savia es la potencia del eros, de la fuente y la finalidad divinas, pero me atrevo a decir que una parte perjudica los estadios intermedios: la vida genital y la oferta afectiva se alimentan de ello, pero se ven transformados por una exigencia más poderosa aún, la de los esponsales divinos.

En profundidad, ¡la vida del hombre somos sólo nosotros! Pero cuando los órdenes intermedios eliminan toda la savia y se atribuyen la dimensión de absoluto, que sólo reside en Dios, el futuro provoca desencanto, por no decir que a veces es doloroso; cada uno de los compañeros, privado de sí –ajeno a ese otro "aspecto" de sí mismo–, exige un absoluto del otro y se irrita porque no se le ofrece. ¡Aquí se trata de un juego inconsciente!

Pero cuando el hombre se vuelve consciente, esa magia del amor de dos seres puede contribuir admirablemente a la transformación interior de cada uno de ellos. Cuando sustituyen ese empuje de savia en el aliento de la llamada divina, no viven en ella fuerzas contrarias sino etapas diferentes de una misma fuerza, que se iluminan recíprocamente. Nos inunda una trascendencia, que todo lo transforma; sugiero que nos dejemos invadir por ella. En este sentido, el matrimonio no es una ascesis menor que otras formas de vida, como la del monje o el soltero; todas comparten un mismo fin. Pero el matrimonio es un icono directo.

Hoy necesitamos más que nunca volver a situar todos estos valores bajo su verdadera luz. Nos urge otra exigencia...

¿Puede verse en el síntoma del divorcio, que cada vez se extiende más, precisamente el símbolo de esa otra exigencia, por ejemplo, un inicio de toma de conciencia de que el otro no puede realizar el trabajo interior en nuestro lugar, y que la búsqueda de la felicidad fuera de uno mismo es una ilusión?

Ignoro si podemos plantear el problema de esta manera. Creo que la multiplicación de los divorcios es todavía una reacción a las prohibiciones de otro tiempo. Llegamos al final de un mundo que se fundaba en una ética moral. La gente no se divorciaba, estaba prohibido por la Iglesia.

Esta ley era parte integrante de la ética, pero está a punto de desmoronarse. Sin embargo, aún no se ha construido otro paradigma. Hoy ya no queremos obedecer una ley, pero comprendemos su sentido. Creo que los divorcios forman parte de esos conflictos a los que se cree poder dar una solución evitándolos. Si dos seres que se separan no revisan completamente su modo de ser, se arriesgan a reproducir la misma situación más tarde. Si se observan, a veces pueden reconstruir una relación en otro nivel de amor. Ya no es la loca magia del primer día, pero es mucho más profundo.

Visto de ese modo, el divorcio es la prueba de nuestra gran irresponsabilidad de cara a nosotros mismos. La única ayuda verdadera ha de provenir de nosotros...

Sí, pero detengámonos en la palabra "ayuda", que aparece en la Biblia en el segundo capítulo del Génesis. Dios dice: «No es bueno que Adán esté solo, procurémosle ayuda semejante a él». Bajo muchos aspectos, ésta es una mala traducción, pero sobre todo en el modo en que se califica a la ayuda; no se puede traducir por "semejante a"; sería más adecuado hablar de una "ayuda capaz de comunicarse con él", o incluso "de ser su espejo". Es así como Dios hace que Adán descubra ese otro "aspecto" de sí mismo –y no su "costilla", como he dicho antes–, esa parte suya que deberá desposar, su femenino interior. Adán, cada uno de nosotros, sólo puede encontrar ayuda en sí mismo, comunicándose consigo, con esa parte sagrada de sus profundidades.

Partiendo de ese supuesto, ¿cómo pueden el hombre y la mujer, en la vida de pareja, caminar juntos y ayudarse a realizar esos esponsales interiores?

Sólo en la medida en que nos comuniquemos con nosotros mismos nos podremos comunicar con el otro en el exterior. Ese "otro exterior" es siempre representativo del "otro interior". Aceptarlo en su total diferencia es aceptarse a sí mismo. Sólo esta verdadera comunicación nutre al amor. Si deja de existir, el amor muere.

Es lo que significa el "ya no tienen vino" –ya no tienen alegría– que María advierte discretamente a Jesús en el episodio de las bodas de Caná que cuenta san Juan evangelista. El agua que a continuación Jesús transforma en vino, un vino de un néctar incomparable, es el inconsciente transformado en consciente, un amor humano aún lo bastante animal que alcanza una dimensión divina.

Jesús ha alejado al demonio. De igual modo, nosotros debemos alejar todos nuestros demonios, y ante todo aceptar observarlos, nombrarlos y trabajar para transformarlos. Esto es la comunicación con uno mismo y el inicio de un trabajo interior. Adán, agricultor de la tierra, ha de trabajar con toda su tierra interior. ¡Entonces llega la fecundidad!

Vivimos en un siglo en que, tras la liberación sexual, se muestra el cuerpo por doquier. El cuerpo se expone, se vende, se comercializa a través de películas cada vez más difundidas, se puede "ver" el amor; el acto amoroso se ha convertido en una "cosa" sin intimidad, una imagen, un objeto de consumo… ¿No hemos ido demasiado lejos? ¿No es peligroso ese escaparate de "cuerpos-objeto", hasta el punto de hacernos olvidar completamente el espíritu que vive en su interior?

En la actualidad vivimos en la era de la rebelión contra las prohibiciones de antaño, ¡pero también hemos caído en otra alienación! Tienes razón: el amor no importa cómo ni con quién es tan falso y alienante, si no más, que las represiones denunciadas por Freud. Creo que hay que devolver al cuerpo su belleza, su esplendor.

Novalis, enamorado del amor, dijo: «En el mundo sólo hay un templo, y es el cuerpo humano».

¡Yo no sería tan tajante! El cosmos también es un templo, la casa en la que vivo… Todo puede ser un templo si en ello contemplo la presencia divina. No hay que idolatrar el cuerpo; se transformará en cuerpo espiritual con la deificación del hombre interior; inscribe en la más pequeña de sus células toda la transformación del ser; es un testigo.

Entonces, ¿cuál es el camino medio, el que oscila entre las prohibiciones y la deificación?

Es el "camino con corazón" del que habla otro poeta, Daniel Pons: «El camino de las profundidades en el que cada cosa se vincula al Verbo divino que la funda». Si no apreciamos, tras cada ínfima brizna de hierba, su relación con el arquetipo divino del que procede, nos encontramos en un sinsentido absoluto. Ante todo, necesitamos recuperar la respiración que une la tierra al cielo y el hombre a Dios. Nos hallamos en una terrible confusión porque ya no estamos en ese aliento. Apartados del mundo divino, nos encontramos en una situación análoga a la del diluvio. *Maboul* es el diluvio en hebreo. ¡Nos atañe de tal modo que hemos conservado la palabra en francés!* Significa la anarquía más completa, el hombre escindido de los arquetipos.

Quien entra en el arca, Noé –y todos somos llamados a convertirnos en Noé–, entra en el aliento, en la exaltadora respiración de la vida divina, y se realiza. En el arca (nuestra arca interior), todo recupera su verdadero lugar, incluido el cuerpo del hombre.

En una pareja llega a suceder que el hombre o la mujer (con mayor frecuencia la mujer) logra una mayor conciencia que el otro de la necesidad de esas bodas interiores. ¿Puede una persona transformar a la otra por contagio?

¡He aquí la mayor dificultad! ¡Incluso diría la prueba! Podemos establecer una distancia con los amigos cuando no hablamos su mismo lenguaje, pero ¿qué hacer con el cónyuge si ya no es posible la comunicación porque no se participa del mismo nivel de conciencia? Un verdadero matrimonio, en el sentido sacramental del término, debería resistir una prueba semejante. Es por lo tanto esencial que ninguno de los dos

---

* En francés, *maboul* significa "loco, chiflado". (*N. del T.*)

55

esposos ejerza una presión constrictiva sobre el otro, y que éste no sólo no caiga de la trampa del desprecio, sino que su amor se convierta en paciencia, comprensión, aceptación. El objetivo de su trabajo interior es conducirlo a un grado de conciencia aún más elevado, ya que éste es el camino. Entonces, en efecto, cuanto más desarrolle uno esa virtud, más camino andará el otro, pues ambos permanecen unidos por una especie de "transfusión sanguínea".

Pero si uno de los dos no se ha "desmarcado" de su laberinto de inconsciencia, y no tolera el avance del otro, a veces puede culparlo y volverse agresivo e incluso destructivo. En ese momento, a veces urge la separación. Pero el camino que prosigue el "despierto" también puede desempeñar un papel en la transformación de su pareja.

Es difícil hablar de este tema en términos generales; sólo una atención interior de cada cual, en el secreto de su persona, puede dictar el camino que conviene seguir. Nadie puede juzgar la decisión del otro, que a él compete esclarecer y de la que es el único responsable.

Pero si la decisión y la actitud son adecuadas, lo que has llamado "contagio" y yo denomino una verdadera "transfusión" de una sangre sutil obra de un modo admirable. En nuestra generación actual es en efecto la mujer la que, por regla general, despierta antes que el hombre. Hay numerosas razones que lo explican, desde naturales a las culturales, por retomar categorías del gusto de nuestros tiempos modernos; en algunas ocasiones se da el caso contrario, pero en general el hombre rehuye bastante esa exigencia interior; se oculta inconscientemente tras sus funciones familiares, profesionales, incluso "iniciáticas" y sacerdotales. Asimismo, rehuye a la mujer que le obliga a salir de los tranquilizadores esquemas de otro tiempo.

Hoy la mujer está muy sola. Pero cuando el hombre por fin comprenda el mensaje de las profundidades, la humanidad dará un gran salto. Por ahora, la mujer es quien genera un nuevo paradigma que hay que activar rápidamente.

«La mujer es el futuro del hombre», escribía Aragon. ¿Es la jardinera del porvenir?
Durante un tiempo fui terapeuta y trabajaba con aquella frase que se encuentra en los Hechos de los Apóstoles: «Uno siembra, el otro recoge; sólo Dios hace que todo crezca». Y si pensamos que podemos hacer germinar algo o a alguien, realmente nos encontramos en una ilusión. Por lo tanto, sigamos sembrando y regando, primero en nosotros mismos; recorramos el camino...

Entre mi generación y la suya median treinta años. ¿Cuáles son los verdaderos grandes cambios que ha observado en la vida de las mujeres? Desde luego, el feminismo y sus excesos...
Según la forma que ha adoptado, el feminismo también es un fenómeno reaccionario. Pero, en sí, el despertar de la mujer pertenece al orden de las cosas. En *Le symbolisme du corps humain* he afirmado que, por un lado, una sincronicidad vinculó esa emergencia de lo femenino al hecho de que se prestara atención al inconsciente redescubierto por Freud (los padres de la Iglesia ya habían hablado de ello) y que, por otro lado, la llegada del hombre a la Luna es un hito de nuestra historia. Para retomar la gran terminología bíblica, diría que "de la tierra asciende un vapor" que regará nuestro yermo intelectual y emocional. Por esta razón, esa forma reaccionaria está a punto de evolucionar hacia una mayor justicia. Las cosas se ponen en su lugar debido a que la mujer encuentra más justicia interior gracias a su despertar. Pero también es lúcida y descubre las huidas, los múltiples escondrijos de sus compañeros; a menudo se ve obligada a adoptar la posición del hombre a causa de las carencias de este último.

Las mujeres emprenden cada vez más un auténtico trabajo interior, y a veces la emergencia de su ser esencial exige una atención consciente y permanente para que no lo ahogue el peso de la responsabilidad que los hombres han depositado en las mujeres desde el pecado original.

Hasta el momento presente nos hemos identificado de tal modo con nuestro inconsciente que, incapaces de verla y de nombrarla, hemos tomado a Eva, esa Ishah del Génesis, por la mujer, cuando es el "aspecto no realizado" de Adán, de cada uno de nosotros; por lo tanto, tal como he dicho, del inconsciente. En el paraíso terrenal, Adán está solo, un Adán *Ish* e *Ishah*, es decir, esposo y esposa recíprocamente. Del mismo modo, hoy día cada uno de nosotros está solo y la serpiente se dirige en primer lugar a nuestro inconsciente; ¡aun antes de saberlo ya hemos caído en la trampa! El juego de seducción es sutil.

Pienso en la mujer de hoy como en la letra *shin* del alfabeto hebraico: su ideograma consiste en un arco completamente tenso, antes de la partida de la flecha. Su símbolo es entonces el de la extremada retención, pero también el de la expansión infinita. Nadie puede decir adónde irá la flecha, pero ha partido: comienza su trayecto y se dirige a la línea del absoluto.

6. REINVENTAR JUNTOS LO FEMENINO Y LO MASCULINO

Entrevista con el doctor Richard Moss

Somos el fruto de condicionamientos, algunos de los cuales pesan desde siglos e incluso milenios: ¿cómo podría una nueva educación modificar el reparto anquilosado de roles y costumbres en la vida cotidiana?

Pregunta: ¿Qué es para usted la feminidad del ser?

Richard Moss: Cuando hablamos de masculino y femenino desde el punto de vista de la identidad sexual, ello no nos plantea problema alguno; en la naturaleza, muchas especies se dividen en machos y hembras. Pero en cuanto empezamos a hablar de "femenino" o de "masculino" desde el punto de vista del "género", entramos en el campo de las fuerzas culturales. El género es esencialmente un fenómeno cultural. En la base tenemos el sexo, pero el género es un condicionamiento.

En la actualidad vivimos una época en la que la observación empírica, el hecho de establecer mapas y objetivar las experiencias se ha convertido en una constante en nuestra cultura. Pienso sobre todo en nuestra manía de crear territorios intelectuales. Actuando de este modo, dejamos al margen la esencia de las cosas, el misterio y el sentido de la vida.

Mi cerebro no es mi pensamiento, mi cuerpo no es esa gama exquisita de sensualidad y sensibilidad, y ninguna observación empírica del mundo, del hombre o de la mujer en tanto objeto exterior puede explicar qué es un ser vivo. Hemos llamado masculina a esta manera de contemplar el mundo. Y, por defecto, llamamos femenino a todo lo que escapa a ese modo de contemplar el mundo. Por consiguiente, lo femenino es lo ausente. Lo femenino del ser se ha convertido en una expresión que implica sentirse apegado, pertenecer a algo más grande, mantener una relación… en una palabra: ser. Lo femenino evoca cuanto trasciende las palabras, las cartografías, los análisis. Y sin embargo, en esencia, no sé si verdaderamente eso tiene relación o no con la feminidad.

¿Tomar conciencia, observar, reflexionar, meditar acerca de la feminidad o la masculinidad del ser nos permite aprender algo fundamental de nosotros mismos o bien sigue siendo una visión del espíritu, una ilusión mental?

Creo que puede ayudarnos. Pero hemos de recordar sin tregua los límites de las palabras y del pensamiento. Es cierto que sin palabras no podemos decir de qué somos conscientes. Esto sigue siendo nebuloso. En cuanto nos hacemos conscientes de algo, sentimos la necesidad de "nombrarlo". Pero la mayor parte del tiempo caemos en la trampa de "creer en nuestras palabras". De este modo resulta prácticamente imposible hablar de la feminidad del ser sin honrar la masculinidad del ser y viceversa. Empiezan a existir simultáneamente.

He advertido que la palabra "consagración" tiene una re-sonancia y una importancia especial en su trabajo. Así, según usted, ¿cuál sería la última consagración de la conjugación de estos dos aspectos indisociables del ser?

Cuando se unen el macho y la hembra, cuando el óvulo y el esperma se encuentran, se produce la concepción. Algo nace. Cuando lo masculino y lo femenino trabajan juntos en perfecta armonía, también nace algo. Si lo que nace es, por ejemplo, el movimiento de una danza, un poema o una pers-pectiva del universo, el momento de ese nacimiento deviene misterioso. Cuando Einstein advirtió que la Vía Láctea esta-ba en expansión y escribió sus ecuaciones sobre la relativi-dad, no creyó en sus ojos. Entonces, se dispuso a modificar sus ecuaciones. Más tarde, al demostrarse la expansión del universo, confesó que el hecho de haber modificado sus pri-meras ecuaciones constituía la mayor "metedura de pata" de su carrera científica. ¿Por qué? Porque lo masculino y lo fe-menino se habían encontrado en una visión, en una concep-ción. Había tenido lugar un nacimiento. Pero cuando se dis-puso a criar al bebé, no creyó en la visión. Más tarde, psicólogos y científicos le preguntaron: «¿Cómo desarrolló sus intuiciones?». Él respondió que no era algo mental ni intelectual. Según su expresión, se trataba de algo "muscu-lar". Había comprendido con todo su cuerpo. En este nivel no se trata de masculino o de femenino en los términos conven-cionales de género. Ya no se los podía distinguir el uno del otro. Había nacido algo que ya no pertenecía al orden de la concepción sino al de la consagración.

Aún no sabemos en qué aspecto los nacimientos serían diferentes si hubiera una verdadera armonía entre esas dos fuerzas que denominamos "masculino" y "femenino". Sin embargo, puede haber nacimientos como resultado de la pri-macía de un aspecto sobre el otro. Esto tal vez sirva de metá-fora para el período que atravesamos en la actualidad. Acaso hoy día se exalte en demasía lo que llamamos "masculino", lo que nos lleva a hablar de la feminidad del ser.

Usted conoce a numerosos hombres y mujeres en diferentes países del mundo. ¿Qué condicionamientos específicos ha observado?

Si preguntara a la mayoría de mis coetáneos qué aspecto pone más a prueba su fe, en qué la vida les plantea los mayores desafíos, pienso que un gran número respondería: «En las relaciones». En lo que a mí respecta, el campo en el que se manifiesta la mayor humildad es el de la relación viva.

Una cosa que las mujeres dicen constantemente a propósito de los hombres es que éstos las transforman en objetos y, más aún, en objetos románticos. Objetos visuales, físicos, gratificantes, agradables o desagradables, etc. Por esta razón las feministas condenan siempre a los hombres, por su obsesión en contemplar a la mujer como objeto. Hay mujeres que me dicen: «No ve mi alma, no tiene en cuenta lo que realmente me interesa, lo que es importante para mí», o: «Está demasiado absorbido por el mundo como objeto».

Por su parte, los hombres me dicen lo mismo: las mujeres también construyen objetos. Mientras que los hombres objetivan a la mujer exterior, las mujeres objetivan al hombre interior. Los hombres tienen la sensación de que las mujeres los perciben como objetos psicológicos y emocionales: «Nunca estamos a la altura, nunca somos lo bastante fuertes o sensibles». Y entonces los hombres deploran que su profundo sentido psicológico del mundo no sea verdaderamente comprendido por las mujeres.

Por otro lado, si miras a tu alrededor, se observa cómo la mujer es omnipresente en las portadas de las revistas y las vallas publicitarias de anuncios. Siempre es la misma mujer: cuando a los veinte años miraba las portadas de las revistas y cuando las miro hoy, que tengo cincuenta, siempre veo a la misma mujer. Lo único que ha cambiado es que ahora es un poco más joven. Y si observo el modo en que los medios de comunicación representan a los hombres, siempre encuentro el mismo espectro pobre y limitado de un contexto psicológico estereotipado: hombres violentos, hombres débiles, hombres iracundos o crueles. Aquí también se da el mismo hombre, el mismo héroe. Tanto en nuestro interior como en el exterior, hemos de enfrentarnos a una visión muy limitada de nosotros mismos.

Si los hombres sintieran el mismo grado de violencia que las mujeres expresan en palabras, se convertirían en verdaderos asesinos. Los hombres expresan su violencia físicamente, las mujeres la expresan verbalmente. Cuando un hombre aprende a expresar su violencia verbalmente puede modificar toda la estructura relacional con una mujer. Pero la mayoría de los hombres no se arriesga a hacerlo. Por el contrario, aprenden a contenerse.

Si me baso en mi propia vida y en una observación profunda de los seres, diría que hay un a priori que pretende que el hombre es menos sensible que la mujer. Pero no creo que sea cierto. Por el contrario, creo que los hombres tienen tanta sensibilidad como las mujeres, pero que son mucho más lentos cuando se trata de traducir lo que sienten en palabras. Superado por su complejidad, el hombre se ahoga fácilmente en los sentimientos; su única alternativa consiste en rechazarlos oponiéndoles su intelecto.

Si es innegable que las mujeres están más dotadas que los hombres para la verbalización de los sentimientos, esto no siempre es garantía de una sensibilidad real.

Estas respectivas actitudes del hombre y de la mujer son, a mi juicio, la expresión de profundos condicionamientos, y creo que otra educación podría transformar este anquilosado reparto de roles.

¿Qué propone en su trabajo para cambiar estos esquemas?
Respecto a la conciencia hay muy pocas diferencias entre el hombre y la mujer. Desde el punto de vista de la meditación profunda, de la autoobservación y de los patrones del inconsciente, el hombre y la mujer poseen capacidades similares. Por ello, en mi trabajo no me centro en preguntas relativas a lo femenino y lo masculino. En mi vida, en mi pareja y en la comunicación con los que trabajo e interactúo, es por supuesto importante compartir unas destrezas, unos referentes comunicativos.

Ante todo, se trata de aprender a escuchar mutuamente. Esto requiere práctica, y sobre todo fe. La fe en una comprensión mutua: crear un contexto en el que la escucha sea auténtica. Para ello, la relación comprometida es una oportunidad extraordinaria. Este tipo de relación puede convertirse en espejo de cuanto somos. Un espejo que nos devuelve los modos en que blindamos nuestro corazón, nos protegemos y rehusamos relacionarnos con nosotros mismos y con los demás. No creo que haya una manera racional de abordar este problema, una manera de decir a los hombres: «Haced esto», y a las mujeres: «Haced aquello». Todos necesitamos aprender y, en realidad, aprendemos constantemente.

Vivimos un período difícil, pues los roles habitualmente atribuidos a los géneros –masculino/femenino– ya no nos sirven de gran cosa, como han podido hacerlo en el pasado. Ya no sabemos quiénes somos unos y otros. Nuestra época es a un tiempo una maravillosa apertura espiritual y una dolorosa travesía, porque muchos aspectos de la existencia están invadidos por el sufrimiento.

Puesto que se trata de reinventar algo, ¿por qué continuar alimentando y empleando esos conceptos? ¿No habría que pasar completamente a otra cosa?
Sí, pero ¿a qué? En cuanto altero la profundidad de mi conciencia, el universo de lo masculino y el universo de lo feme-

nino no sólo presentan una diferencia aparente; advierto que son diferentes en su esencia. Ante todo se trata de profundizar en nuestra conciencia y, entonces, nos será revelado otro nivel del misterio. Hemos de saber que muchas palabras están viciadas por su antiguo significado. La palabra "Dios", por ejemplo, es una palabra extremadamente problemática y un tema espinoso porque ha sido empleada de un modo muy dogmático o a partir de una educación religiosa convencional. Dios se ha convertido más en una fuerza represiva que en una fuente de renovación. Cuando utilizo la palabra Dios en mis seminarios, advierto cómo muchas personas reaccionan replegándose y protegiéndose. Sin embargo, insisto en emplearla; no pierdo de vista que detrás de ella reposa algo incognoscible, impensable, del orden del misterio. Algo anterior a toda forma, anterior a todo concepto.

De este modo podemos seguir utilizando palabras como "femenino" y "masculino", si reconocemos sus límites, su lastre de prejuicios, y si a continuación tratamos de ir más lejos.

Me gustaría tratar cuestiones más personales. Como hombre, ¿cómo ha entrado usted en relación con "la feminidad de su ser"? ¿Sintió la necesidad, en una etapa de su vida, de desmarcarse de una cierta norma cultural o de una educación que habría tendido a privilegiar los valores masculinos (con todo lo que ello implica de culturalmente ofensivo) en detrimento de los valores femeninos?

Cuanto más descendemos en las profundidades del ser, más la inteligencia vital exige una integración de todos los aspectos de nosotros mismos. Walt Whitman ha dicho: «Toda exageración será vengada». Si un hombre supuestamente muy desequilibrado, escindido de su parte femenina, emprende un camino espiritual, será de forma automática impulsado a desarrollar su aspecto más débil. Es, simplemente, lo que me ocurrió a mí. Se aplica tanto al hombre como a la mujer. La energía que entonces despierta en nosotros es arquetípica y universal. No puede crecer mientras todos los aspectos de nuestro ser no se hayan armonizado. Si me preguntas cómo tuvo lugar en mi vida, diré que a partir de la gracia, el sufrimiento, el amor de los seres, la lucha por la salud cuando era niño. De hecho, a partir de casi todo. Pero sobre todo del dolor.

¿Cuáles han sido sus relaciones con las mujeres? ¿Cómo ha evolucionado en este campo después de su experiencia de despertar?

Yo no quería reconocer conscientemente el poder que la mujer ejercía sobre mi psiquismo. Creía que el despertar me llevaría a trascender todas estas preguntas, los conflictos con las mujeres. Pero si se trata de vivir profundamente la verdad, estaba de forma inevitable obligado a enfrentarme a mi miedo. Y había muchos miedos en mi relación con las mujeres. Por lo tanto, era necesario acabar con aquello, que lo observara desde más cerca, que viviera mis miedos: miedo al abandono, miedo de que las mujeres se llevaran una parte de mi naturaleza emocional, miedo de conocer la ira de una mujer. No creo que un hombre pueda llamarse hombre, esté despierto o no, mientras no se encuentre en presencia de la ira de una mujer y la enfrente sin rodeos. La mayor parte del tiempo los hombres fingen ser poderosos, pero les aterra la cólera femenina.

He escuchado a ciertos instructores espirituales decir que su esposa era su gurú. Querría saber si usted vive una experiencia análoga.

Sí. La vida es mi gurú. Pero en esta vida no hay nadie que esté más cerca de mí que mi esposa. No hay nadie como mi mujer que haga aflorar tantos aspectos de mi ser en el juego de la vida. Hemos aprendido tanto juntos…

Para hablar de ello, tendría que emplear el lenguaje de la poesía antes que los conceptos intelectuales. Cuando Arielle y yo estamos en armonía profunda, la intimidad con ella y la intimidad con Dios son una y la misma cosa. Y cuando no lo estamos, no conozco nada que revele mejor el sentimiento de desequilibrio. Hay una beatitud que nutre nuestros acercamientos y alejamientos; es como una respiración. Y no soy capaz de aferrarme a uno u otro durante mucho tiempo.

Nuestra relación nos concede tal nivel de abandono y de sumisión a la vida que podemos vivir en el infierno y volver al cielo de vez en cuando. Estar en el cielo es mucho más que estar enamorado. No obstante, la mayor parte del tiempo habitamos el purgatorio; ya no alimentamos la energía que nos arrastra al infierno, pero tampoco bebemos de la fuente que puede abrirnos el cielo. Hemos de ser pacientes y creer, ser honrados con nosotros mismos, la mayoría de las veces ignorándolo todo.

7. LO FEMENINO DEL SER EN LOS SUEÑOS

Hélène Renard

Los sueños expresan las polaridades energéticas masculina y femenina de un modo distinto si el soñador es un hombre o una mujer y, sobre todo, si mantiene con su parte femenina una relación de armonía o de conflicto.

De los sueños que he podido estudiar respecto a este tema, destacan algunas líneas maestras que pueden resumirse así: generalmente el hombre tiende a ignorar su dimensión de intuición, imaginación, emotividad, irracionalidad, etc. No las deja expresarse. Su relación con el *anima* (por retomar la terminología junguiana) se reprime a menudo. Entonces en sus sueños aparece una mujer desconocida, inaccesible, o andrajosa, pordiosera, incluso agresiva.

En cuanto mejora su relación con su "femenino" –especialmente a consecuencia de la toma de conciencia del mensaje onírico–, observa cómo en sueños se le aparece una mujer idealizada (diosa, virgen, madre, artista célebre, etc.).

A veces la mujer reprime su *anima*, pero en la mayoría de los casos tiende a hiperdesarrollarla. Concede una exclusiva confianza a su intuición en detrimento del razonamiento, se deja inundar fácilmente por la oleada emocional, no emplea la objetividad… Sus sueños la hacen consciente de su polaridad masculina, le enseñan a adecuarse a ella. El *animus* adopta los rasgos de un hombre desconocido o, cuando es realmente negativo, aparece como bandido, ladrón, sinvergüenza, hombre de color, etc. Pero sus sueños le muestran, con insistencia, su relación con lo femenino.

He aquí algunos ejemplos que expresan lo femenino en las soñadoras, elegidos entre los testimonios que he recogido.

Polaridades ignoradas

«Veo a dos personas que mantienen relaciones sexuales en una habitación. Poco a poco advierto que yo soy una de ellas. Observándome, me doy cuenta de que soy un hombre con un cuerpo de mujer y que la otra persona es una mujer desconocida.»

La mayor parte de los sueños de unión amorosa, de matrimonio, e incluso ciertos sueños eróticos, traducen esta aspiración de reconciliación entre nuestras dos polaridades energéticas.

Un femenino negativo

«Entro en una oficina en la que hay hombres parecidos, de traje y chaqueta a rayas, inmóviles. Me miro en un espejo: mis cabellos son negros, mis ojos son oscuros (cuando en la realidad son castaños, y los ojos de un gris claro). Los ojos son terribles, perversos, la mirada me espanta. Bajo la cabeza para escapar a ella. Cuando miro de nuevo, todo ha desaparecido, vuelvo a ver mi verdadero rostro, pálido, impreciso.»

Aquí comprendemos que no se ha "alimentado" lo masculino, que no desempeña ningún papel en la vida de esta mujer. La imagen en el espejo nos indica la razón: en ella lo femenino es negativo (la imagen hace pensar en Kali). El sueño la invita a descubrir una dimensión desconocida de sí misma.

Una mujer insaciable

«En mi cocina, tiro los restos al cubo de la basura. En su interior hormiguean mantis religiosas. Me da miedo una muy grande, la piso con el zapato; a las otras las aplasto a puntapiés.»

Todos saben que la mantis religiosa devora al macho tras el acoplamiento. Así pues, aquí se trata de un problema de sexualidad (confirmado por las imágenes del zapato y los pies) que conlleva una anulación de la parte femenina de esta mujer. El aspecto positivo del sueño está subrayado por la imagen de la cocina, lugar de transformación, y por los desperdicios y el cubo de la basura, indicios de un deseo de liberación.

Un femenino ausente

«Con mucha frecuencia sueño que he de casarme. Ni siquiera me han puesto al corriente. Mi futuro marido, cuyos rasgos no distingo, se ocupa de todo.»

Aquí entendemos que se ha ignorado el *animus*. O bien que esta mujer no se ha conectado (no "está al corriente") a su polaridad femenina, que deja a lo masculino actuar en todo.

Un femenino salvador

«Atravieso un puente sobre el valle profundo de un torrente. A medio camino se desata una violenta tormenta; me entra miedo. De repente, una mujer alta viene a mi encuentro. Es muy hermosa. Me toma de la mano, me hace retroceder el camino andado. Llegadas a mi punto de partida, me aconseja no volver a cruzar un puente con una madera tan delgada.»

Manifiestamente, esta soñadora mantiene con su femenino una relación armoniosa, señal de una óptima evolución. Sin embargo, no hay que descartar dificultades, obstáculos y prudencia.

8. ¿LO FEMENINO
EN MASCULINO?

Jean Biès

De la Madre cósmica al Padre original se extiende una galería de retratos femeninos: diosas fecundadoras o destructoras, tejedoras del destino y de la sabiduría, sibilas, musas o hadas, hasta la humilde mortal, todas comparten un don, un privilegio exorbitante: el de traer y conceder la vida. Y a través de ella el Amor.

Vivimos el final de un ciclo y aún es posible preparar el siguiente; esta preparación se basa en el redescubrimiento de las enseñanzas tradicionales y de las prácticas de interiorización. Incluida en su verdadera naturaleza, la mujer no será extraña a esta transformación cultural y espiritual. Se estudia y se abunda en ciertos aspectos de la feminidad –de orden biológico, jurídico, social, financiero–; otros sólo se mencionan levemente o se silencian, porque son de orden psicológico, simbólico, religioso y metafísico.

La mujer anterior a la mujer

«Al principio era la mujer», proclaman todas las mitologías. Pero ¿y antes del principio?

Antes del comienzo estaba la Madre cósmica, plena de auroras y galaxias, la naturaleza múltiple en fecundas potencialidades, la energía actuando por doquier, vertebradora de los arquetipos y de los mundos aún por nacer; la savia hirviente por las arterias del universo, la sabiduría bailando su seducción ante la Creación aún adormecida en su indeterminación. A continuación vendrá la soberana república de las matriarcas, las tejedoras de destinos, las damas de las profundidades, las hijas de la noche husmeadoras de ultratumba, las mujeres-serpiente, las mujeres-matriz, las "primordiales", las "generadoras", las "amas de las esferas", las de las "tinieblas", y las devoradoras de sus hijos-amantes.[2]

Pero esas excelsas personas estaban terriblemente lejos del hombre. El mismo *Purusha*, el hombre cósmico, "tuvo miedo" al descubrir su soledad, señala la *Brihadary Naka-upanishad*, y se dividió en dos para abrazar a una mujer a su medida...

Los privilegios de la mujer son exorbitantes. Es el origen de la vida, de la muerte y del pensamiento. En efecto, la mujer da la vida; pero, por eso mismo, también la muerte, porque todo ser vivo, sometido a la entropía, está condenado a desaparecer. Al reproducir los dos sexos y no sólo el suyo, se encuentra en el origen de dos categorías conceptuales: lo idéntico y lo diferente; como consecuencia, en el origen del propio pensamiento.

2. P. Solié, *La femme essentielle*, Seghers; Y. Montty, *La Déesse des origines*, Les Deux Océans.

La vocación de la mujer es ser

¿Por qué hoy van tan mal las cosas del corazón? Porque ni el hombre ni la mujer se han hecho realmente conscientes de su naturaleza respectiva, como tampoco de su recíproca complementariedad.

Simplificando mucho, digamos que la vocación del hombre consiste sobre todo en actuar, en lograr reconocimiento y admiración en una sociedad que lo mide por el orgullo o la vanidad de alcanzar el éxito ante el mundo, aun si sospecha que esto es una ilusión; acaso porque, sencillamente, dudando de sí mismo tras sus jactancias y bravatas, necesita seguridad. Vuelto hacia el exterior, la extensión de sí mismo, hacia el dominio del mundo, se complace en las batallas, en el fragor de la competencia. Se siente en casa con lo organizado, lo objetivo, lo estructurado. Destaca en la relación con los indicios, con los sistemas de representación, sospecha si lo implícito le oculta algo, lo acusa de ardides sin comprender que acaso lo implícito está presente para mostrarle más cosas, o para que ejerza su perspicacia.

La vocación de la mujer es, principalmente, la de ser. Prefiere lo concreto a lo teórico, la intuición a lo discursivo; actúa menos por persuasión dialéctica que mediante la comunión entre almas. Piensa de un modo relajado, y su flexibilidad intelectual, a veces considerada falta de lógica, refresca al hombre al comunicarse con él. Se orienta hacia los movimientos emergentes; apresura la aparición de tendencias insospechadas, da forma al hombre, lo alienta.

Sólo a partir del momento —es decir, después del origen— en que tener, saber y poder lo arrastraron al ser, la mujer se vio relegada a papeles secundarios. El hombre solo asumía los tres elementos de la tríada infernal. Patrimonio de la mujer, el ser estaba condenado por adelantado; la condenó con él. Desde hace poco, ella ha procurado devolver al ser el lugar que le corresponde y, por lo tanto, el lugar que corresponde a la mujer.

Sin duda, su acción ha de situarse en este terreno; y esto a dos niveles. En primer lugar, proclamando los derechos del ser como tal, es decir, exigiendo que se reconozca cuanto procede de lo afectivo, lo intuitivo, lo sutil, lo religioso y misterioso (en la mejor acepción de estos términos); después, volcando el ser en el propio tener, saber y poder; esto es, ampliando el tener a una dimensión sagrada, añadiendo al saber parcelado y especializado las nociones de trans e interdisciplinariedad, templando el poder con el sentido de la moderación, el respeto a la vida y el espíritu de paz. En realidad, esto es lo que hace la mujer desde hace mucho sin percatarse de ello: una santa Teresa hace cacerolas con los cálices; una Eloisa le recuerda al nominalista Abelardo la prioridad de Platón; una Veturia ablanda el furor militar de Coriolano. Pero lo que sólo podía hacer puntualmente, casi a hurtadillas, hoy le es posible hacerlo, gracias a la audiencia que ha conquistado, en los cuatro puntos cardinales de la conciencia planetaria.

Oriente recuerda a las mujeres que permiten que el hombre se realice. China menciona a esas monjas taoístas que transmiten los tratados alquímicos y los "sellos celestes" a los hombres dignos de recibirlos, segura de que la mujer alcanza la Gran Obra mejor que el hombre, ya que, como portadora del embrión, está vinculada a lo invisible. El islam recuerda a aquel Rabi'a al-Adawyya que, armado con un cántaro de agua para apagar el infierno y con una antorcha para incendiar el paraíso, enseñó a los sufíes de Basora a no alterarse con el deseo de un ser sobre otro, sino a desear el solo gozo del Señor más allá de toda dualidad. Y entre nosotros más de uno se acercó a Ma Ananda Mayi de la India, que, nacida sin karma, hacía suyo el de los demás; que, careciendo de maestro, lo veía en todas las criaturas; y que, sin haber leído nunca los textos sagrados, los encarnaba en la vida cotidiana.

¿Y en Occidente? Diotima enseña a Sócrates el camino de la unidad y, tras darle a conocer la belleza de los cuerpos y la de las almas, le revela que el amor es "algo intermedio entre los contrarios". Si el eros puede ser malsano, degradante, obsceno, cruzado con la muerte putrefacta, Eros se enriquece con las diferencias, con los opuestos, tejido de complementarios. Egeria, la ninfa de los bosques, dicta a Numa, en la intimidad de las noches y los encuentros secretos, las fiestas, el flamen, las vestales, la constante preocupación de los dioses. Beatriz («porque así hay que nombrar al "Amor"», escribe Dante) es la encarnación de esa *intelligenza* cantada por los trovadores y que aporta la luz supramental. Jeanne Guyon enseña a Fenelón la simplicidad del niño, el "estado de oración" y el completo abandono en Dios: mujer del silencio que inquietaba a los clérigos y fue perseguida por ellos, pues en su docta ignorancia su saber era superior al de aquéllos.

La mujer es la *shakti* del hombre, la amplificadora de su creatividad; la que le infunde confianza en sí mismo, hace fructificar sus potencialidades y procura que acceda a la plena posesión de sus talentos. Sopla sobre sus virtualidades como sobre brasas, adivina lo que será en sus manos ese hombre aún torpe, lee su futuro bajo la corteza del presente. Lo inicia a su propia musicalidad, a su parte nocturna, oriental. Si se une a él, también lo une a sí mismo: ella no unifica. Por ejemplo, es muy cierto que, al contrario que los artistas solitarios o desafortunados en amores, los que se han visto apoyados por una mujer han dado más y mejores frutos. Detrás de Diderot, Voltaire, Hugo, Wagner, buscad a Sophie Voland, la marquesa de Châtelet, Juliette Drouet, Cosima. ¿Quién no conoce, en el corazón de lo que ya era Europa, el papel inspirador y estimulante de una madame de Staël? En semejantes casos, la mujer y el *anima* a la que se dirige coinciden felizmente. La "musa" introduce al hombre en el mundo una segunda vez. Sin embargo, es conveniente que esta armonía entre la mujer y el hombre se acompañe de una armonía interna en la mujer. El hombre sólo crece a su lado si aquélla está de acuerdo consigo misma.

El secreto del éxito

La doble causa del mal moderno es que la mujer ha dejado que en ella se hipertrofie el *animus*, con el riesgo de perder su feminidad, y que el hombre no ha hecho nada para desarrollar el ánima en su ser, con el riesgo de convertirse en bruto o en loco. Las condiciones de vida de la Edad de Hierro acaso expliquen que se proteja de este modo. Pero la mujer no podrá privarse eternamente de su verdadera naturaleza de mujer, así como el hombre no podrá crisparse indefinidamente en la unilateralidad machista. El imperioso deber de ella consiste en combinar su naturaleza femenina y ese hombre interior, el *animus*, así como el imperioso deber de él implica combinar su naturaleza masculina y esa mujer interior, el *anima*. La única solución a la actual crisis de la pareja consiste en trabajar sobre uno mismo y hacer emerger los elementos constitutivos del *animus* y el *anima*, o, más precisamente, los del *animus* positivo, que vuelve a la mujer radiante, entusiasta, plena, y los del *anima* positiva, que vuelven al hombre emprendedor, constructivo, inspirado; uno y otro, creador y creadora.

Aquí no podemos menos que remitir a los notables trabajos de C.G. Jung[3] y de M.L. von Franz.[4] Han demostrado perfectamente que la "realización de la totalidad psíquica" confluye en la reconstitución del andrógino, en el matrimonio

---

3. C. G. Jung: véase el conjunto de su obra y, especialmente, *Aïon*, Albin Michel. Véase también E. Jung y J. Hilman, *Animus et Anima*,Seghers.
4. *La femme dans les contes de fées*, M.L. von Franz, Albin Michel.

alquímico del sol y de la luna, que hay que entender no entre el hombre y la mujer –lo que no deja de crear una desigualdad entre ellos–, sino en primer lugar y esencialmente en el interior de cada uno de ellos; matrimonio sagrado –*hieros gamos*– que garantiza el éxito del otro matrimonio. En este nivel y condiciones pierde su razón de ser la lucha de poder o de influencia entre los sexos, lucha que tan sólo es la exasperación de una sociedad enferma y declinante.

Desde esta perspectiva, la primera tarea que incumbe a la posible futura pareja es la búsqueda de esos *metaxu*, según expresión de Platón recogida por Simone Weil, de esos "intermediarios" que unen a ambos cónyuges, así como en otros niveles unen forma y materia, dioses y hombres. Son lo que algunos científicos llaman hoy el "tercero adjunto", esa tercera vía que trasciende las polaridades duales, permitiendo a *anima* y *animus* descubrirse y unirse en el reconocimiento mutuo de la complementariedad, ese otro nombre del amor.

El equilibrio de las dualidades, templadas y reconciliadas, que nunca es absoluto ni lo debe ser –pues todo ha de perfeccionarse siempre, y el amor no se complace en lo simétrico sino en lo desequilibrado–, dispone el centro que asegura duración y solidez. En él reside el sentido. Cuando se pierde este centro, la pareja pierde su sentido: llega la hora del desgarro, los divorcios, los suicidios.

Mientras aparentemente el *animus*, no dominado, anuncia su parte de victoria, salen a la luz algunos indicios de un cambio indudable. Entre ellos, el interés concedido a los sueños, al inconsciente, a lo irracional y, como consecuencia, el retroceso del espíritu de conquista y dominación, la defensa de la naturaleza y la concienciación ecológica, el reconocimiento de los derechos del cuerpo, la vuelta a la oralidad; la necesidad de crear lugares de comunicación, frente a la religión del rendimiento y la eficacia; el descubrimiento de las artes orientales en las que el vacío prevalece sobre lo lleno, y el "elogio de lo simple" ante una organización cada vez más compleja.

La pareja que hizo las delicias de Dios

Para el espíritu dual, hombre y mujer forman una pareja. Para el alma no dualista, hombre y mujer son el amor: una "sola carne"; *basharahad*, dice el Génesis para designar a un tiempo cuerpo y alma.

Antes de la caída, Adán era receptivo a la irradiación de Eva, que resplandecía en la belleza divina, mientras Eva era receptiva a la efusión adánica de la luz esencial. Su unión supone su interpenetración y la puesta en común de sus emanaciones receptivas, que eran prolongaciones de la sustancia etérea de la que estaba tejido el Edén. Los amantes tienen nostalgia de esta condición paradisíaca, y hacen todo lo posible por recrearla; la reactualizan, al menos en parte, todos los que viven en una relación de complementariedad. Igual que en el paraíso, en la mirada que intercambian los dos primeros esposos es el propio Dios quien se mira; en esta tierra de ruptura y caos, el encuentro del *animus* y el *anima* funda y reproduce la verdadera unión.

Incluso después de la caída –que no es obra de la carne sino la opción, elegida por la pareja inicial, del reino de las dualidades en detrimento de la unidad–, Adán y Eva no dejan de ser imágenes de esa unidad, aunque remotas y deformadas. Dios sigue reconociéndose en ellas y las "bendice" aun cuando se perdiera la naturaleza deiforme de la pareja a la que, sin embargo, "someterá la tierra". Aunque resquebrajados, los arquetipos divinos siguen reflejándose en él y en ella; ni siquiera la unión física se verá privada de esa bendición: los dos siguen queriendo ser uno.

Pero la pareja en la que los cónyuges se realizan de un modo más completo, donde Dios establece su morada, la que hace sus delicias, es la que se revela más cercana a la pareja original, aquella en la que cada uno constituye un ser humano completo. Sólo hay una media pareja en la unión de un hombre y una mujer si no están directamente presentes ni el *animus* ni el *anima*; pero hay un encuentro total, plenitud y realización cuando la pareja la forman dos seres humanos. ¿Qué es en definitiva una auténtica pareja si no –y que no disguste a las diversas morales puritanas– una pareja de cinco, constituida por un hombre, un *anima*, una mujer, un *animus* y, para coronar el conjunto, por ese Dios que vela por la unidad y unicidad de esta asociación, que a un tiempo es paradójica y misteriosa? La verdadera pareja es un conjunto físico, psíquico y neumático, y debido a ello un concentrado de la creación, una iglesia en miniatura, el icono milagroso de lo indefectible y lo inesperado.

9. EL MATRIMONIO INTERIOR
Entrevista con Michel Cazenave

No podemos separar lo masculino de lo femenino en no-
sotros, al igual que no podemos separar la intuición de la
razón, la creación de la encarnación, lo imposible de lo po-
sible, el día de la noche. Michel Cazenave nos invita aquí
a las bodas esenciales: las que se celebran en nosotros y
se abren a esa energía fundamental que algunos llaman lo
divino.

Pregunta: Usted es conocido por sus escritos acerca de
los símbolos y los arquetipos inspirados en el pensamiento
de Carl Gustav Jung. En este contexto, ¿podría decirse que
lo femenino es un arquetipo?
Michel Cazenave: Lo femenino no es un arquetipo. Hay
un arquetipo de la madre, de la hija, del padre, etc., pero
no hay un arquetipo de lo femenino. Tanto lo femenino como
lo masculino son simplemente realidades que se imponen.
No son estructuras de la imaginación, salvo cuando hablamos de lo femenino del hombre o lo masculino de la mujer.
Así pues, a través de lo femenino se manifiesta la potencia
creadora y a través de lo masculino la potencia creada. En
este caso, lo masculino y lo femenino están más allá de la

psicología, porque la crean. Ahí se alcanza la esencia misma de las cosas.

¿Qué es para usted "la feminidad del ser"?

Creo que la feminidad en el ser humano es un reflejo de la feminidad en lo divino. El psicoanálisis de Jung declara: «Nosotros no fundamos lo divino, es lo divino lo que nos funda». Por lo tanto, no puedo pensar en el uno sin el otro. Por supuesto, sé perfectamente que lo divino y el hombre no son la misma cosa. Se supone que lo divino es eterno mientras que lo humano muere. Soy muy consciente de ello, pero creo que, a pesar de todo, no se los puede separar, o más bien hay que pensarlos a un tiempo como unidos y diferenciados.

¿Por qué establece esa relación inmediata entre lo divino y lo femenino?

Parto de mi experiencia personal. Como casi todo el mundo, crecí en la religión católica. Y como casi todo el mundo, en la adolescencia tuve crisis de misticismo. Un poco más tarde, cuando traté de comprender aquello en lo que creía, cuál era mi fe más profunda, advertí que en realidad no era cristiano en absoluto. La divinidad de Cristo o la encarnación de Dios era algo que no aceptaba de ningún modo. Mi razón siempre se rebeló contra ello. Pero lo que me planteó un gran problema era que no ponía en duda ni un instante el hecho de que creía en la Virgen María.

De ahí la pregunta que enseguida se me impuso: ¿qué quiere decir esto? ¿No creo en Cristo pero sí en la Virgen? O bien estoy completamente loco y soy totalmente incoherente o tras todo esto hay una razón más profunda. Y esta razón –¡resumo de un modo vertiginoso!– consiste en que si lo divino es realmente él mismo, no podemos decir absolutamente nada: antecede a toda división en sexo, género o cualquier otra. Si es realmente trascendente no tenemos acceso a él. Entonces es necesaria una especie de mediación. ¿Qué es este espacio de mediación? Para mí es, por esencia, un espacio femenino. Es decir, un espacio de epifanía de lo divino (cuido mucho de no decir Dios), bajo la apariencia de una figura femenina, maternal. En cuanto admití esta "idea", también empecé a comprender por qué podía creer en María. Y este sentimiento es tan fuerte, abrigo tal certeza interior hacia esa forma femenina de la divinidad, que aún hoy, cuando entro en una iglesia, no dejo de encender un cirio a la Virgen. Son ritos a los que me atengo férreamente, aun sabiendo a la perfección que son mis ritos personales.

Partiendo de ese vínculo entre el ámbito psicológico y existencial de lo femenino en el plano divino, ¿cómo ha tomado progresiva conciencia de esos aspectos en usted? En la actualidad, ¿podemos hablar de la emergencia de lo femenino?

Hablar de emergencia significaría que hay algo que se crea y que no existía con anterioridad. Ahora bien, creo profundamente que lo femenino es una estructura constitutiva del hombre. Y cuando aquí hablo del hombre no quiero decir la humanidad en general; me refiero al hombre en cuanto sexo. No siempre somos conscientes, pero de todos modos está ahí. Lo importante es saber si se lo sabrá reconocer y, más tarde, asumir. Para responder a tu pregunta, volveré a mi adolescencia, cuando empecé a plantearme esta pregunta: ¿por qué creo en la Virgen? ¿Qué quiere decir esto? ¿Qué hay en mí que me hace creer espontáneamente en la potencia femenina mientras que el Dios masculino me es extraño? En el fondo, ¿por qué quiero creer en una Madre divina? De ahí deriva una pregunta inmediata: ¿cuál es la relación entre mi propia madre y esta figura de la Madre divina? Mi primera experiencia, y mi primer gran sufrimiento desde entonces, fue el de enfrentarme a la imagen de mi madre. Tuve que responder a la pregunta que me planteé de un modo natural en el marco de la teoría freudiana, que en aquel momento era la única que conocía: esta Madre divina, ¿no es sencillamente una especie de sublimación de mi propia madre y la simple negación de lo que se denomina la Ley paterna? En ese momento, mediante una conjunción de confrontación, meditación y análisis, descubrí poco a poco que en mí había, de hecho, dos realidades distintas que hasta entonces había vivido inconscientemente, y que siempre había sentido como una sola realidad indiferenciada: la imagen de la Madre divina, de la Gran Madre, y la realidad de esa madre de carne y hueso que me había alumbrado. Dicho de otro modo, no "fabricaba" a la "diosa" a partir de mi madre; disfrazaba a mi madre con el poder de mi imaginación, en el sentido de una imaginación creadora de sus propios símbolos. De una manera vívida, en la realidad cotidiana, en mi realidad psíquica, al fin logré separar, a través de pruebas difíciles, de procesos de rechazo seguidos de accesos depresivos, estos dos ámbitos, estos dos planos de realidad –y, eventualmente, abandoné el freudismo por la lectura atenta, y pronto apasionada, de Jung–. Además, ese reconocimiento y renovación de la Madre divina en el plano arquetípico, en el plano de una experiencia de tipo religioso, me permitieron al fin entenderme con mi verdadera madre. Es decir, dejé de infundirle el poder de lo sagrado, que era el de la Madre, y comencé a descubrirla en su realidad terrenal, como una mujer "como las demás" que hacía cuanto podía para portarse conmigo lo mejor posible, con todas sus virtudes y defectos, en su humanidad y en todo el amor que trataba de transmitirme. El poner en su lugar, si puede decirse así, a la Madre divina, ocurrió sin embargo, como ya he dicho, en un largo proceso de depresión en el que hube de descubrir que el principio numinoso femenino tenía dos rostros, uno de vida y otro de muerte, y que sólo se alcanzaba la vida atravesando la muerte, aunque ésta fuera simbólica. De hecho, ni siquiera tuve opción. Era algo que me "venía de otro lado". En ello había una lógica que me superaba, un proceso que me arrastraba sin que me preguntaran mi opinión, y así pues tuve que pasar por esa experiencia de la depresión, de la muerte que trabajaba en mí, esa experiencia de descomposición, de desmembramiento del alma antes de que volviera a unirse. Al mismo tiempo comprendí que mi padre había representado la Ley y me había estructurado, que mi madre también había cumplido su función; dicho de otro modo, me había visto involucrado, como todo el mundo, en esa triangulación edípica, pero más allá de esa verdad primordialmente existencial de Freud había otra cosa que concernía a un ámbito diferente de la realidad psíquica, a un ámbito objetivo que escapaba a mi historia y a mi cuadro familiar.

¿Cuáles fueron las consecuencias inmediatas de ese despertar?

En primer lugar, la toma de conciencia de mi propia feminidad. Algo en mí respondía según el modo de la complementariedad: yo, el hombre, amo a mi mujer. No mi mujer en el sentido del marido que ama a su mujer, sino en el sentido de aquel que reconoce a su mujer interior. Por supuesto, ese reconocimiento ha cambiado completamente mi relación con las mujeres y con lo femenino en general. Ha tenido lugar una completa conversión: pasé de una antigua actitud de donjuán a una posición en la que recuperé el espíritu amante de Tristán por Isolda... ¡Ya ves el camino que esto representaba!

En realidad, Tristán siempre había existido en mí, pero no quería escucharlo. Inconscientemente, todo hombre advierte que en su esencia lo femenino es algo de una extraordinaria potencia, que en ello habita un fuego y que, si queremos rozarlo, hay que asumir un riesgo. Así pues, evitamos la experiencia y vamos de mujer en mujer... ¡Es mucho más seguro y tranquilizador para un hombre! Además, eso le hace creer que existe realmente, sin que se plantee la cuestión.

¿Cómo halló en sí mismo el rostro de Tristán y cómo se ha reflejado en su vida?

La verdad es que leí la historia de Tristán e Isolda por primera vez a los siete u ocho años. Fue mi padre quien me la puso en las manos y es un libro que habré leído unas cuarenta veces. ¿Qué es lo que a pesar mío me "atrapaba" en ese mito de Tristán e Isolda? ¿Qué se correspondía con mi naturaleza profunda?

Si observamos bien el mito, Tristán es el mayor de los caballeros, el héroe más grande. Pero desde el día en que conoce a Isolda, y sobre todo desde el día en el que se entrega a la pasión, renuncia a toda hazaña heroica; sólo vive en el dolor, en el límite de la locura. Socialmente, se convierte en el antihéroe. A veces lo marginan de la sociedad y pasa sin transición de la exaltación del sol femenino a una posición depresiva, casi melancólica.

Ahora bien, ¿qué es lo que pasa en su interior? ¿Qué es lo que le ocurre a un hombre que renueva la experiencia? Por una parte, en lugar de huir de ella o rechazarla, admite cuanto en la sexualidad de la mujer hay de eruptivo, libre y anárquico, lo que tiene de profundamente asocial, orientada por la naturaleza a la manifestación de lo sagrado; a la vez admite que se encuentra "fuera de la ley" o, por decirlo en términos analíticos, más allá de la Ley, fuera del reino del Padre. Por otra parte, admite lo femenino –su parte femenina y, por consiguiente, la mujer viva ante él– como la obligada mediación para un espacio sagrado.

Ahora bien, esto es precisamente lo que la mayoría de las tradiciones culturales y religiosas han rechazado tan enérgicamente, lo que han tratado de silenciar.

Dicho de otro modo, el descubrimiento que, desde tiempos inmemoriales, se ha percibido como el mayor peligro para el hombre, es al contrario la condición de su salvación a partir del momento en que acepta mirarlo de frente, asumirlo conscientemente, a partir del momento en que también ha comprendido que de todos modos porta "ese abismo de la mujer" en el centro de sí mismo. En resumen, en lugar de huir o coleccionar mujeres reales para que ninguna le haga daño, quiere adentrarse en el territorio en el que sólo una mujer, con toda su profundidad, puede orientarnos en el sentido más rotundo de esta palabra.

¿La integración de su parte femenina, tal como la describe, ha conferido un impulso concreto a su creatividad? ¿Cómo ha sido este impulso?

Desde luego, pero en un sentido completamente especial. En la medida en que afirmaría que es mi parte masculina la que se expresa espontáneamente en mi movimiento poético. La voluntad de conciencia, la voluntad de luz, la propia voluntad, a fin de cuentas, es mi parte femenina. Hablando por medio de imágenes, mi parte masculina es mi mitad lunar; mi parte femenina, la solar. En cuanto a saber por qué pertenezco a este tipo, ¡preguntemos al destino, que me ha modelado así! Sí, es mi aspecto femenino el que me ha obligado a tomar conciencia, iba a decir confianza. Pero para mí la conciencia y la confianza corren parejas.

¿Cómo explica eso?

Creo que en el estadio más profundo, el estadio a un tiempo más elevado, la forma de lo femenino es una figura de esencia luminosa. Ya sé que la reciente historia de las religiones está ahí para decirnos lo contrario. Sin embargo, en un plano más esencial, ¿no habría que retomar aquella idea de los antiguos celtas de que la habitación de las mujeres era la habitación del sol? ¿No habría que recuperar la gran figura de la Sophia, de la mediación de lo divino que enseguida se abismó en la noche existencial?

Hace un momento hablaba de lo difícil que era que un hombre en nuestra civilización actual, que no contempla este tipo de experiencias, encarnara al antihéroe y así expresara su aspecto femenino. Según usted, ¿qué caminos tendríamos que adoptar en el ámbito colectivo para hacer resurgir los valores femeninos?

Cuando nos encontramos en este nivel de la cultura más profunda, esto no son cosas que tengamos que desear; se producirán por sí mismas. Si contemplamos la historia, observamos que cuando se quiere, de un modo voluntario y consciente, instaurar algo del orden de la religión o de su derivado, la ideología, a menudo se transforma en lo contrario: nos encontramos frente a fenómenos totalitarios. Así pues, soy muy reticente respecto al hecho de adoptar los medios o caminos que fueren en el ámbito colectivo.

Sin embargo, también soy el primero en pensar que es necesario que nuestra cultura evolucione, que no podemos permanecer así. Del mismo modo, también puedo admitir que era preciso pasar por la fase de la civilización patriarcal, que ha sido la nuestra en un estado de diferenciación necesaria. Ello no impide que si hoy esta civilización llega al fin de su andadura no haya que pasar a otra cosa. No obstante, para lograrlo de verdad, ha de manifestarse un movimiento objetivo, una evolución de las conciencias que tiene su propia lógica. Nadie puede, ni debe, tratar de programarla o desencadenarla voluntariamente. Entonces, lo único que nos queda, individualmente, es conducir nuestra conversión interior hacia lo que llamaría una rectitud para con nosotros mismos.

¿Es usted fatalista?

En efecto, esto puede parecer muy fatalista, pero estoy convencido de que cuando las cosas han de hacerse, de hecho se hacen. Si por ejemplo reflexiono acerca de las transformaciones actuales en la mentalidad colectiva, no puedo evitar compararlas con lo que ocurrió al principio de nuestra era, con la predicación de Cristo. En el inmenso imperio romano de la época, no era más que una especie de nómada perturbado, más o menos herético, más o menos cismático, que se paseaba por Palestina. Nadie habría pensado que podía ser serio, que su discurso cambiaría la misma naturaleza de Roma, porque hay que decir que los Estados Unidos de hoy, al lado de la Roma imperial, francamente no son muy poderosos. Así pues, en cuatro siglos la vida y el ejemplo de Cristo alteraron el rostro del mundo. ¡Cualquier romano al que le hubieran hecho esta predicción bajo el reinado de Augusto o de Tiberio habría estallado en carcajadas! Sí, realmente creo que las cosas suceden porque han de suceder.

En el fondo, hemos entrado en una época de transición, en un período alquímico: por un lado tenemos la agonía de lo antiguo, una inmensa depresión colectiva, y por otro lado se da una agitación aún indiferenciada en la que encontramos de todo: es la agitación de la *materia prima* antes de que el tiempo y la historia hayan podido purificarla.

Plantearse la pregunta «¿Qué podemos hacer para que evolucionen los valores femeninos?» no tiene razón de ser después de lo que acaba de decir...

En primer lugar, según mi opinión no se trata de hacerlos evolucionar, sino de facilitar que se reconozcan, acepten y asuman. Más tarde, lo que en efecto podemos hacer es asumirlos en nosotros mismos y aportar nuestra granito al proceso que se está desarrollando. De todos modos, y precisamente respecto a los valores femeninos, ¡aún queda tanto trabajo para restituirles su integridad, al margen de las ilusiones y las proyecciones abusivas!

Voy a emplear aquí el lenguaje psicológico: ¿cómo hacer para que su retorno sea de orden espiritual y no un mero "retorno de lo reprimido"? Me parece que, implícito en esta pregunta, descubrimos otro gran problema: el de la impaciencia... Una impaciencia muy humana, cierto, pero que nos viene de nuestra cultura tradicional y su arraigado mesianismo. En una palabra, queremos que el cambio ocurra mañana. Ya sabes, las auroras que cantan o el regreso de Jesús. Ahora bien, el cambio nunca se da de un día para otro. Basta contemplar la historia para comprobar que los cambios de civilización tardan siempre dos, tres o cuatro siglos. O si no actuamos como los antiguos revolucionarios, queremos forzar el curso de los acontecimientos con las consecuencias que conocemos, a saber, que por forzar la naturaleza llegan las dictaduras, acaba instaurándose el terror. Sí, por supuesto, hay que ser pacientes. Sí, con razón, seamos un poco femeninos. A fin de cuentas, la paciencia es una actitud espiritual.

Ha elegido transmitir ideas, una sensibilidad, una visión y una expresión profunda de sí mismo por medio de los mitos... ¿Por qué los ha elegido?

Porque el mito me habla. Me gustaría hacer una observación completamente necesaria acerca de un punto que personalmente me afecta cada vez más. En efecto, debido a nuestra cultura, bajo el peso de las religiones reveladas tal como se han desarrollado generalmente, hemos interiorizado la idea de una verdad absoluta, una e indivisible. Hablando claro, hay en nuestras religiones algo que se conoce como dogmática. Si no nos plegamos a ella, somos heréticos. En el espíritu mitológico, por el contrario, alguien que elabora la verdad de una manera diferente añade una variante al mito y a nadie se le ocurriría la idea de excomulgarlo: es su propio camino a la hora de vivir esa verdad. No, no hay dogma mitológico. Hay historias de dioses y diosas que constituyen los modos en los que lo divino se hace legible –y lo divino se manifiesta de una manera especial para cada uno; espiritualmente, sólo puede ser fuente de singularidad– y también nos impelen a comprender que el Uno se ofrece a través de mil epifanías diferentes y suscita mil singularidades que conforman el espejo de ese Uno.

Antes de empezar la entrevista, usted decía: «Cuanto más lejos vamos, menos sabemos...».

Sí, conforme más camino andamos, más nos decimos que lo esencial aún está por delante. Cuanto más delimito lo femenino espiritual, más lo integro en mi concepción del mundo, construyo mejor mi eje y mi orientación, menos lo comprendo, advierto que es inmenso y que se origina en ese vacío del que emergen todas las cosas. Se me escapa tanto más cuanto más conciencia adquiero.

¿Esa búsqueda que describe pertenece al ámbito de la austeridad?

No sé si al de la austeridad. Mejor digamos que al de una fecunda desnudez. Es algo realmente muy curioso: cada vez estamos más imbuidos del sentimiento de la nada (de una nada que existe pero, desde luego, no en el sentido nihilista del término, sino en cuanto algo de lo que no podemos decir nada: la llamamos "nada" porque es la única palabra que queda para poder nombrarla), y al mismo tiempo descubrimos que esa nada es un principio generador, un principio de fecundidad. Esto apunta a la vez –y aquí sólo puedo emplear un lenguaje contradictorio– al vacío más completo y a una profusión de la forma. Porque es el vacío el que engendra la forma y le otorga su sentido. La escritura nace en la mediación de ese vacío. Esto alumbra lo femenino, y lo femenino alumbra todas las cosas. Lo que me aboca a una espiritualidad que está más allá de lo espiritual y al mismo tiempo en el mismo movimiento, en la misma lógica. Nunca como ahora he amado tanto las flores. Pero todo el mundo sabe que una flor es también polvo de estrellas.

10. MIL Y UNA VECES TÚ Y YO
Entrevista con
Bernard Leblanc-Halmos

Uno de los mejores expertos en prácticas de empresa comparte con nosotros su experiencia con todos esos ejecutivos, hombres y mujeres, a los que frecuenta y enseña a ser más competitivos volviéndose más humanos, más cercanos a sí mismos y a los demás.

Bernard Leblanc-Halmos: ¿La palabra "feminidad"? Es del mismo tipo que palabras como libertad, igualdad, fraternidad, que quedan bien en los frontones, pero de las que es difícil convencerse. Es como las palabras acabadas en "ismo" o en "ión"... ¡Abstracciones!

Pregunta: ¿Qué resonancia tiene con las palabras "femenino", "masculino"?
Cuando me hablas de lo femenino siempre me vienen a la mente las palabras "íntimo", "intimidad", ¡la intimidad del ser! *Intimus!* El interior de lo interior. El diálogo más íntimo del ser, y además con un gran aprecio por lo exterior.

Hablemos de esa "intimidad del ser"…

La intimidad es la capacidad de entablar una relación, de compenetrarse. He aquí la gran puerta de entrada. En relación con el tiempo, consiste en "ingresar en él" prestando atención a consagrarlo y la mayoría de las veces desposarse con el universo entero. Advierto que las mujeres tienen esa cualidad de poder desencadenar un conocimiento profundo, pero que el hombre no se da cuenta. Si el hombre acepta reírse, todo va bien; esa capacidad de la mujer para desempolvarlo exige sentido del humor. Pero si el hombre se toma en serio, puede ser trágico. Hasta tal punto que hoy en día muchos hombres ya no quieren vivir con las mujeres. Prefieren quedarse en su cubil leyendo *L'Équipe* o sacando brillo a su coche porque no se atreven a que los "desempolven". Una vez apagado el fuego interior, los días acaban pareciéndose en lo que se conoce como "melancolía", es decir, el rechazo de la feminidad del ser. He dicho leer *L'Équipe*, pero también podría haber dicho compilaciones espirituales. Conozco a hombres que se sumergen en la espiritualidad para huir de su media naranja.

En sus prácticas de empresa trabaja con hombres. ¿Podría contarnos algo de los hombres de hoy? ¿Cómo son?
¡He de decir que son maravillosos!

¡Uf! ¡Es tranquilizador!
Sí, son maravillas… ¡pero no lo saben! De ahí la necesidad y la importancia de que lo descubran. El problema es que no establecen una intimidad consigo mismos ni con su pareja, ni con las personas con las que trabajan, ni con sus hijos, ni con los amigos, y subestiman el aporte vitamínico que ofrece el menor estremecimiento de alegría, la menor chispa de júbilo.

Y volviendo a lo "masculino" y lo "femenino", cuando se conjugan, ¿cuál es su última "consagración"?

Cuando hablamos de masculino y femenino tendemos a olvidar lo neutro. Es como si consideráramos que hay un hombre y una mujer mientras que lo que interesa es el "y" que existe entre ambos. "Un hombre y una mujer" aparecen en el mundo. "Un hombre" y "una mujer" se encuentran todos los días para realizarse con el mundo entero. "Y", esa palabrita comodín, "conjunción de coordinación".

Para acabar sus seminarios, pide a los participantes que formulen un deseo y que ofrezcan a quienes les rodean todo lo hermoso, bueno y verdadero que ha habido en su encuentro. Para acabar esta entrevista, ¿por qué no formula un deseo para los hombres?

Deseo a todos mis compañeros que se atrevan a devolver a los gestos, a la palabra y al pensamiento el sentido de maravilla, hechizo y estupor. Que se atrevan a dejarse hechizar, como nunca, por esta fuente que es la de todos. Fuente de sabiduría, fuente de fogosidad, fuente de fogosa sabiduría, fuente de la feminidad del alma. ¡Qué futuro la concavidad del ser!

11. LA MADRE DIVINA EN LA INDIA

Doctor Jacques Vigne

Hay un país en el que la diosa-madre, bajo todas sus formas innumerables, aún es respetada, festejada y recibe plegarias con un fervor inaudito en otra parte: la India. Viaje a los confines de todas las religiones y mitologías, al seno de una tradición viva cuya metafísica y gimnosofías fecundaron ayer el Oriente y hoy el Occidente.

En la actualidad asistimos a un creciente interés por los valores femeninos de la espiritualidad y a una mejor apreciación de su importancia para el equilibrio social, psicológico, religioso e incluso metafísico de la humanidad. Una reflexión acerca de la Madre divina ayudará a comprender mejor el aspecto femenino del ser. Para ello, empezaremos explorando lo que la India dice de la diosa: el shaktismo representa, en el interior del hinduismo, una religión completa en sí misma, centrada en la Madre divina, con sus rituales, sus mitos, su teología, e incluso su no dualidad o Mahadevi (la "gran diosa") que se asimila al Sí mismo.

En las religiones del Libro hay un vínculo entre la supresión de las diosas-madre ligadas a los cultos locales y la invasión del país por comunidades de tendencia patriarcal. Este fenómeno también ha existido en India, pero allí tuvo lugar una especie de síntesis entre los invasores arios y los cultos locales de la diosa-madre, que se expresa, a partir de la Edad Media, en el tantrismo y el shaktismo, y que continúa hasta nuestros días. En el hinduismo en general, el hecho de que los dioses sean normalmente adorados con su esposa favorece que el adepto perciba fácilmente el aspecto femenino del ser. En la actualidad esas nociones aparecen en el propio cristianismo. Las Iglesias presbiteriana y metodista elaboraron una declaración que exponía que podía hablarse con razón de Dios como Madre al mismo tiempo que como Padre. En China, el Tao está tan fuertemente ligado a la Gran Madre de los orígenes que un reciente traductor del *Tao te king* al inglés ha preferido nombrarlo en femenino, designándolo como *Ella*.

En Occidente se habla mucho de amor, pero es posible que sea por compensación, pues el amor verdadero es, de hecho, extraño. Hay necesidad de una visión femenina del mundo, es decir, holística, para equilibrar la concepción separatista, científica, tecnológica y masculina que a menudo quiere presentarse como la única con autoridad. Para ello es necesario conferir un verdadero aliento espiritual a los movimientos feministas y ecologistas, y no limitarlos a una especie de revolución de principio contra el sistema. La mujer no ha de denigrar su divinidad; como en el caso del hombre, ésa es su naturaleza profunda. Esta divinidad subyacente a cada uno de los sexos se revela más fácilmente cuando hay una mirada de amor que proviene del otro sexo. En cierto sentido, la mujer parece tener más cualidades para lo espiritual debido a dos factores: el hecho de albergar el hijo y la vida favorece la orientación hacia la interioridad, y el hecho de estar generalmente menos comprometida a tiempo completo en las luchas sociales y profesionales –con el endurecimiento del yo que éstas entrañan frecuentemente– facilita un mayor sensibilidad en la vida espiritual.

Desde el punto de vista psicoespiritual, la distinción entre los diversos aspectos de lo femenino –madre, esposa, amante o hija– es relativamente superficial. Hay una atracción general, que no es otra que la que tiende a la unidad y al origen. Un himno que a menudo se canta en la India dice así: «Te saludo a ti, oh Diosa que resides en cada ser con la forma de la memoria». Al margen de ser hombre o mujer, se trata de nuestra memoria más antigua. Unos teólogos preguntaron un día a una escribana que estaba a favor de una religión de la Madre divina: «¿Dónde están tus libros sagrados?». Ella respondió: «La Madre divina es antigua, mucho más antigua que todos vuestros libros».

La diosa interviene en muchos niveles en las religiones de la India: puede ser una diosa local ligada a una aldea, la esposa de un dios importante en el panteón hindú o la Madre suprema, la Mahadevi, que, esencialmente, no es diferente del Sí mismo. La palabra *devi* significa, etimológicamente, "luminosa" (es la misma raíz que el Zeus griego o *dies*, el día, en latín). Esta presencia de la Mahadevi es vivida casi físicamente por los místicos. Ramakrishna decía que se sentía el pulso de la Madre divina en todo el universo. A menudo, las diosas de las aldeas no se representan completamente. Por ejemplo, se las evoca sólo mediante una piedra; su cuerpo incluye toda la región. A veces la piedra se considera como un cordón umbilical que une la aldea con su madre. Cada aldeano es esencialmente hijo de esta diosa, e incluso los musulmanes asisten a sus festivales. En una región de montaña como el Himachal Pradesh existen trescientos nombres de localidades que de hecho son nombres de la Diosa; una de las primeras diosas importantes de los Veda era la diosa de un río, Saravasti ("la que camina sobre las aguas"), convertida más tarde en la diosa de la memoria, del lenguaje, las artes y el conocimiento en general. Su fiesta, en febrero, se considera la fiesta de la primavera y de los estudiantes y escolares, marcada por celebraciones en las diversas instituciones educativas. El Ganges es femenino en sánscrito y en hindi; también está considerado como una diosa. Antes de que alguien muera, se le da a beber un sorbo de agua del Ganges, o se derrama unas gotas sobre sus labios si ya no puede tragar. Tras la defunción, se baña el cadáver una última vez en las aguas de la "Madre Ganges", luego se incinera y las cenizas se arrojan al río. Antes de la cremación, también la familia se baña en el Ganges.

La naturaleza y la diosa

Naturaleza y diosa están íntimamente ligadas: la tierra, muy en concreto, está considerada como las "entrañas de la diosa". La diosa Shri de los Veda se asocia al loto, a la vez símbolo de la expansión del universo, de la fecundidad y también de la pureza, porque permanece inmaculado aun cuando crece en aguas fangosas. Se dice que a menudo cambia de marido, lo que evoca las estaciones de fecundidad de la naturaleza, y asimismo las mudanzas de la fortuna. Uno de sus maridos es Kubera, el rey de los espíritus vegetales. En el período clásico, Shri se asimila a Lakshmi, diosa encargada, como su marido Vishnu, de la conservación y la protección del universo. Tradicionalmente, la Madre divina se asocia a la fecundidad, factor esencial en las civilizaciones completamente dependientes de la agricultura y cuyos hijos eran en su mayor parte diezmados por las enfermedades. Una buena fecundidad era, por tanto, fundamental para la supervivencia. En nuestra civilización moderna, en la que conocemos un problema de superpoblación y donde la mujer controla su fecundidad, esta última se convierte en un aspecto menos inseparable de la feminidad que antaño. El propio universo se considera andrógino. El aspecto de la conciencia pura se asimila a lo masculino (*Purusha*) y la naturaleza (*Prakriti*) a lo femenino. Es interesante señalar que esto no significa que lo femenino se limite a lo fenoménico y la materia. En la naturaleza hay una parte no fenoménica y sin embargo dinámica y, por ello, diferente del *Purusha*, que es estático. Para el ermitaño y para el poeta, el contacto con la naturaleza es a la vez un encuentro con la madre y un motor de transformación interior; ¿acaso Milosz no ha escrito: «Soledad, madre mía, vuelve a contarme mi vida»?

Vivo en la India junto a Vijayananda, un francés que durante treinta años ha sido discípulo de Ma Ananda Mayi hasta la muerte de esta última en 1982. Era la maestra espiritual más conocida de su época y, para muchas personas, ha encarnado durante más de medio siglo el aspecto femenino del ser. El hecho de que fuera mujer y maestro espiritual facilitaba enormemente la transferencia afectiva por parte de sus discípulos, tan importante a la hora de establecer una relación sólida, profunda y duradera. El aspecto maternal asienta la noción de amor y de aceptación incondicionales, y un tipo de relación susceptible de trascender los condicionamientos sociales que le serán ajenos suceda lo que suceda. Podía pasar en un instante del rol de madre al de hija, lo que permitía a sus discípulos que también desarrollaran, simultáneamente, los dos polos de este eje: infancia espiritual y compasión maternal hacia los necesitados. Para aquellos que conocen los arquetipos de la India, evocaba, entre otras, a Durga, la virgen guerrera creada por la fusión de pensamientos de los dioses para matar al demonio que no lograban destruir.

En la actualidad, la vitalidad del hinduismo también se manifiesta en una mujer, Ma Amritanandamayi, que no tiene más de cuarenta años. Su itinerario espiritual durante su infancia y adolescencia ha estado marcado por una fuerte relación con la Madre divina. La veía por todas partes, hasta el punto de que en algunos momentos mamaba del pecho de mujeres que asimilaba a la Madre divina. Su realización se manifiesta especialmente bajo la forma de ternura maternal a las multitudes que la visitan; acostumbra a abrazar a cuantos se prosternan ante ella.

En el shaktismo, la Diosa suprema (Shakti, Mahadevi) se considera superior a Shiva: este último es un mendigo que deambula por los campos de cremación y los bosques, desgreñado y apenas vestido. De hecho, su poder le viene de la Diosa. Oraron a esta última para que despejara el sueño de Vishnu y así pudiera crear el mundo. A veces se dice que los cuatro dioses principales del panteón hindú son los cuatro miembros del cuerpo de Mahadevi. Se sitúa más allá de los contrarios: en un himno cantado todos los días en algunos *ashrams*, se la describe como la "gran demonio" (*mahashuri*), la noche vasta, la noche oscura, la noche terrible… Ramakrishna explica este aspecto siniestro de la Diosa afirmando que se debe a que se la ve de lejos: del mismo modo, el agua de un lago puede parecer negra desde la distancia, pero es transparente cuando la tomamos en el hueco de la mano y la miramos de cerca. Así, Mahadevi no es oscura ni luminosa, femenina ni masculina; es pura transparencia, es el Sí mismo. Es Mahamaya, lo que no significa que sea ilusión, sino simplemente que no puede decirse si es o no es: se encuentra más allá de toda definición.

Meditar sobre Mahadevi es suficiente para alcanzar el absoluto: se cuenta que un día Shiva estaba con Parvati (su esposa, que corresponde a Mahadevi). Dijo a sus dos hijos que entregaría una gran recompensa a aquel de los dos que fuera el primero en dar la vuelta al mundo. Kartikeya partió enseguida, a la carrera. Pero Ghanesa, que comprendía más profundamente las cosas, se limitó a dar una vuelta alrededor de su madre. Fue él quien obtuvo la recompensa.

La verdadera felicidad

En la *Taittiriya Upanishad* (2,7) se dice lo siguiente: «¿Cómo podrían respirar y vivir los seres vivos si en el espacio no hubiera esta felicidad (*ananda*)?». La máxima felicidad de un ser humano normal se considera la centésima parte de la felicidad de los seres celestiales, que apenas es la centésima parte de la felicidad de Brihaspati... que apenas es la centésima parte de la felicidad del sabio que conoce los Veda y está libre de todo deseo. La felicidad que nace de la unión del hombre y de la mujer, o del amor entre padre e hijo, es poderosa porque es un reflejo del Sí mismo.

El eterno femenino que atrae al hombre hacia las alturas, el eterno masculino que atrae a la mujer a las alturas, no es una ilusión; al contrario, es una enorme realidad. La ilusión tiene lugar sólo cuando queremos limitar ese eterno a una persona con la intención de poseerla completamente, y quien dice ilusión dice automáticamente desilusión.

La tendencia habitual del deseo consiste en repetirse, asemejándose a sí mismo: hace falta fortaleza interior para salir de ese círculo repetitivo que, si no, conduce a una decepción, un desgaste de aquello que se identificaba con la vida. Algunos han llamado "instinto de muerte" a esa decepción, pero en realidad esto es otorgarle una excesiva importancia: más bien se trata de un instinto vital frustrado al equivocarse de objeto.

La pareja y la evolución hacia un amor más allá de lo mental

En una pareja podemos distinguir dos niveles de comunicación: el nivel mental y el nivel más allá de lo mental. Para una pareja a la que le cuesta mantener un intercambio, una comunicación en el nivel mental constituye un buen progreso.

Permite una cierta toma de conciencia del yo, precisamente con el roce con otro yo. De hecho, hay muchas subpersonalidades, sub-egos que pasan a primer plano según las situaciones. Sin embargo, el riesgo de un exceso de comunicación en el nivel mental puede consistir en conferir una realidad exagerada a problemas que de otro modo se habrían disuelto por el flujo natural de la vida relacional; o bien crear complicaciones de las que resultará difícil zafarse, del tipo: «Yo pienso que tú piensas que yo pienso que tú…». Cuando hemos comprobado reiteradamente que nos hemos visto atrapados en este tipo de círculos mentales, se despierta una energía y nos disponemos a buscar realmente una comunicación más allá de lo mental. Ya sea en el nivel del individuo o en el de la pareja, sólo encontraremos la verdadera paz si vamos más allá de lo mental. Es muy difícil privarse de apoyo: para la mayoría, la familia es el apoyo privilegiado con el que aprendemos a ver a Dios, que se vivirá entonces como un Dios personal, por ejemplo, un padre; normalmente este apoyo se refuerza con el de un ritual comunitario o familiar en el hinduismo; este ritual es como el cuerpo de Dios. Después, quien quiera ir más lejos en el camino espiritual experimentará la necesidad de encontrar un apoyo intermedio, una especie de movimiento hacia el no-apego, y es el maestro espiritual quien ha de facilitar la liberación de los apegos habituales.

Si retomamos en otros términos esta cuestión de la indiferencia y del amor más allá de lo mental, podemos distinguir tres estadios:

• La fase del "apego-apego", que es la del bebé completamente dependiente e identificado con su dependencia.

• La fase de "desapego-apego", que corresponde al adolescente y al joven que se separa de sus padres para apegarse a una pareja.

• La fase de "desapego-desapego", la de la madurez espiritual que en la India corresponde con el *vanaprastha*, en el que, aunque continúe la vida en pareja, madura la indiferencia interior, y la fase del *sannyas*, en el que tiene lugar una indiferencia interior y exterior.

Es interesante señalar que las palabras "sexualidad" y "sagrado" pertenecen a la misma raíz: *sec*, que significa separar. Esto significa, entre otras cosas, que no puede trivializarse el amor físico. Alguien que haga el amor como si fumara un cigarrillo no tendrá la oportunidad de comprender nada del orden sagrado y espiritual.

En el sistema hindú hay una clara separación entre la relación de pareja, que en la inmensa mayoría de los casos se circunscribe al ámbito del matrimonio, con todos sus derechos y deberes, y la relación de cada uno de los miembros de la pareja con el maestro espiritual de su elección. Se trata de una relación concreta en el sentido de que uno de los dos polos de la misma, el maestro espiritual, carece de yo; si es auténtico, por supuesto. En este caso, el yo del discípulo no se ejercita simplemente en la superficie, por el roce con otro yo, sino que de un modo natural se disuelve en un espacio que lo absorbe desde todos los ángulos. En una pareja convencional, buscamos el alma gemela; pero en la relación que se establece con un maestro espiritual encontramos el alma materna. En este sentido, todo maestro espiritual, aun siendo un hombre, es de hecho una madre espiritual, no una persona sino un enlace privilegiado entre nosotros y la Madre original, el aspecto femenino del ser.

La feminidad del alma y el matrimonio interior

Jung decía que el único matrimonio verdadero, es decir, el matrimonio desprovisto de toda proyección, era el matrimonio interior. El matrimonio exterior es una preparación, un camino progresivo que conduce a ese estado de matrimonio interior. En la India, se rinde culto al andrógino bajo la forma de Ardhanarishwara, el dios medio hombre medio mujer, con una mitad del cuerpo masculina y la otra femenina. Una representación de estructura análoga es la del dios que es a medias Vishnu y a medias Shiva. En esta ocasión también se trata de una notable representación del genio sintético de la India, que limita los riesgos de guerras de religión entre las sectas vishnuista y shivaísta. Además, la representación del dios Ardhanarishwara restringe los riesgos de la guerra de sexos.

Durante una fase de su práctica espiritual, Ramakrishna se vistió de mujer y vivió en las dependencias para mujeres. Es una práctica común en los fieles a Krishna, para demostrar que el único varón es Dios y que, en relación con él, todas las almas son femeninas. La identificación con un cuerpo masculino o femenino está casi tan profundamente arraigada como la identificación con el propio cuerpo. Ponerla en duda con una finalidad espiritual hace estremecer una base esencial del yo y permite una inesperada ampliación de la conciencia. Un día la gran mística Mirabai visitó en Vrindavan (pequeña aldea junto a Delhi donde se supone que vivió Krishna) al sucesor de Chaitanya Mahaprabhu, el reformador del culto de Krishna en el siglo XVI. Aquél era muy estricto, e hizo saber a Mirabai que no recibía a mujeres. Ella le hizo llegar el siguiente mensaje: «Dices que no recibes a mujeres, pero yo pensaba que sólo había un hombre en Vrindavan: Krishna». El monje comprendió enseguida con quién trataba y recibió a Mirabai.

La antropología confirma a la psicología demostrando que la mente humana funciona esencialmente a partir de pares opuestos. En los primitivos, no sólo hombres y mujeres están claramente separados, sino que la tribu se separa en dos grupos complementarios. Los animales y plantas tabúes para uno no lo son para el otro, y viceversa. Si es inevitable una cierta distribución de roles desde el punto de vista social y psicológico, la diferencia entre los grupos y los sexos ha de superarse gracias a un enfoque interior, espiritual. No basta con adherirse a la alternancia indefinida de *dvandvas* (pares de opuestos), del *yin* y el *yang*, sino que hay que trascenderlos mediante la experiencia del *dvandvatita* (más allá de los pares de opuestos), del Tao primordial.

Encontrar un alma gemela procura una gran felicidad, pero comprobar que todas las almas son hermanas, que todas se amamantan de la misma leche, la leche del Sí mismo (¿no podemos decir que son hermanas de leche?), procura una felicidad mil veces mayor.

Si tenemos en cuenta las expresiones, advertiremos que hablamos de volver a sí mismo, no a él o a ella misma. ¿Este indicio que nos ofrece el lenguaje ¿no evoca el hecho de que el camino del conocimiento, es decir, la gestación reflexiva del "¿quién soy?", desemboca por último en "aquello", que se encuentra más allá de la masculinidad o la feminidad del ser?

12. LA PAREJA INTERIOR
Encuentro con Margo Anand

Siempre es interesante seguir la progresión iniciática y oriental de una persona y asistir a la asimilación que puede hacer de su experiencia en la vida cotidiana. Margo Anand ha elaborado un método hoy reconocido internacionalmente para que los miembros de la pareja lleguen a ser compañeros lúcidos en una "co-creación" activa y abierta.

Pregunta: ¿Qué es para usted la feminidad del ser?

Margo Anand: Para mí, "ser" ya es algo femenino en sí mismo. Ser es tener la impresión de bastarse a sí mismo, de no tener que hacer nada para definirse, para demostrar que somos, que existimos. Es una actitud receptiva, pasiva, la de la flor en el campo, la del árbol en el prado, la de la ola en el océano. Ser es sentir que se pertenece a una realidad del mundo más vasta que nosotros, una realidad global que existe en sí misma. En esta concepción del ser hay algo profundamente femenino. Desgraciadamente esta visión ha sido ocultada por el hombre, por supuesto, pero también por la mujer, que ha vivido en una cultura patriarcal. La mujer ha escondido el sentido espiritual, la profunda dirección de su esencia femenina. La mujer no ha logrado abrigar confianza en su "ser", en su profunda divinidad, en su significación ontológica... Para demostrar que la feminidad tenía valor en sí misma –y no un valor concedido por la cultura–, ha pensado que era necesario ser la criada del hombre, someterse al placer del hombre y determinarse en un "hacer" en relación con él, es decir, en tanto madre que le da hijos, como mujer que le confiere valor, como objeto sexual que le proporciona placer. Y a partir de este loco "hacer" ha querido devolver un significado a su *yo* profundo, cuando el valor de su ser como mujer ya le había sido concedido. Ha pensado que "tenía que hacer algo" para definirse, para ser amada y reconocida. Y a medida que se obstinaba en demostrar su "ser" a partir de su "hacer", se enfeudaba en el problema y ya no ha sabido cómo definirse y ha llegado a competir con el hombre, a querer parecerse a él.

Tengo la impresión de que ahora, con la progresión espiritual actual, y especialmente con la progresión del tantra, existe la posibilidad de una valorización en común, una significación profunda de las virtudes femeninas y masculinas, la posibilidad de llegar a ser compañeros en una "co-creación". Es decir, que yo, como mujer amante, estoy ahí para ayudarte a sentir tu valor como hombre en tu ser profundo, y tú, como hombre, estas ahí para ayudarme a sentir mi valor de mujer en mi ser profundo, simplemente aceptándome como soy.

¿Cómo ha vivido esta reconquista de su femenino interior en sus relaciones con los hombres, las mujeres y en relación con su creatividad?

Un poco como acabo de describirlo... En primer lugar, me influyó negativamente el hecho de que mi padre, que era muy patriarcal y dominante, quería tener un hijo. Era la primera hija que nacía en mi familia y al principio mi padre se mostró muy decepcionado por haber tenido una niña. Por esa razón fui educada de un modo muy "masculino", siempre forzada a realizarme en el hacer, a ser perfeccionista, a querer entrar por la puerta grande, estudiar, tener éxito, etc. De este modo, al principio la definición de mi feminidad se vio influida por la conquista, las posesiones y una actividad valorada. Más tarde me rebelé contra ello. A continuación atravesé un período en el cual me abandoné a un hedonismo desenfrenado, esto es, a una búsqueda de liberación de mi feminidad amando, siendo amada, descubriendo el erotismo, un loco erotismo durante todo el día... Me encantaba y tenía la sensación de que descubría mi libertad a través del amor erótico; ya no pertenecía a mi padre sino que, gracias al amor de mi amante y a mi atracción por él, por fin me pertenecía a mí misma. Y sólo mucho más tarde, cuando empecé a tener experiencias místicas, a realizar una investigación profunda en el tantra y a vivir en la India, experimenté la armonización de mi ser mediante la unión de la mujer y el hombre interiores. Esa fusión tuvo lugar en mi fuero interno, y el hecho de ser mujer se convirtió en algo magnético, atractivo, permitido, algo que ya estaba tejido e implícito en el hecho de "ser yo". Pasó a ser una especie de gracia, de tranquilidad y gozo, de reconocimiento de la mujer interior. Éstas son las etapas que he vivido.

¿Cuáles son los caminos que deberíamos adoptar en el ámbito colectivo a fin de hacer resurgir los valores femeninos? Usted viaja mucho, ¿qué ha observado a propósito de la relación de los hombres con su feminidad interior?

Observo que las cosas cambian y creo que la evolución es semejante en el hombre y la mujer. En cuanto realizan un trabajo profundo en el yo, las proyecciones se disuelven para dejar lugar a la conciencia. Si logramos superar la permanente dualidad de los procesos de identificación, de nuestra emotividad, del hecho de tomarse en serio todo cuanto escinde y establece dicotomías —me gusta, no me gusta, esto está bien, esto está mal—, resulta posible sentirse a gusto tanto en el *yin* como en el *yang*.

Por ejemplo, practico el tantra con un compañero que ha desarrollado una práctica de yoga, tantra y un profundo trabajo consigo mismo desde hace diez años. Lo que hace que él también esté cómodo tanto animando y dirigiendo como escuchándome, respetándome y dejando que yo lleve la batuta. No hay rastro de un yo viril que tenga que encontrar su lugar y que se sienta a disgusto junto a una mujer poderosa, como la estrella de un espectáculo o de una conferencia. Esto sólo es posible si el hombre ha aceptado su feminidad. Entonces se encuentra a gusto con su aspecto receptivo, pasivo, se siente cómodo aprendiendo de una mujer que lo inicia y también en su posición de macho febril que desea tomarla, que desea dar rienda suelta a su fuego. Esta relación es el verdadero juego en el que el hombre y la mujer interior ocupan su respectivo lugar. Entre ellos ya no hay una relación de poder y competencia.

Creo que esa evolución interior es tan importante para el hombre como para la mujer. La mujer ha buscado masculinizarse sin haber desarrollado una comprensión de su feminidad ni haber cultivado una confianza en la misma. Se trata de volver a equilibrar las cosas. Por otra parte, en el nivel global hay que ir más lejos. La religión cristiana nos ha hecho creer de tal modo que hemos nacido del pecado original que esto ha influido en la separación entre la mujer y el hombre.

La influencia de la civilización industrial, que valora el dinero y la propiedad a costa de los valores maternales y creadores, corresponde a la imagen de este mismo mito de división entre el hombre y la mujer. Hoy día hay un cambio en el seno de la espiritualidad, que se inclina a volver a los valores tradicionales, a una espiritualidad de la naturaleza influida por los orígenes matriarcales de la humanidad, tendentes a rehabilitar el rol de la feminidad como motor espiritual esencial. Esta espiritualidad se orienta hacia un equilibrio entre los valores masculinos y femeninos. Hay que saber sentir, amar y respetar las diferencias entre hombre y mujer. La igualdad no significa que sean semejantes.

Entonces, con vistas a la emergencia de los valores femeninos, su caballo de batalla consiste en enseñar a hombres y mujeres que su cuerpo es el vehículo privilegiado de lo espiritual. Como decía Novalis: «Mi cuerpo es un templo»...

No se trata simplemente de considerar el cuerpo como vehículo de la espiritualidad. En toda esta historia, el cuerpo es una metáfora de lo femenino. Podemos ver en ello una extensión en la vida cultural y política, ámbitos en los que lo femenino no tiene su lugar y es mal comprendido. Mira lo que ha ocurrido hace poco en Estados Unidos, lugar donde tradicionalmente lo femenino no tiene lugar. El presidente Clinton quiso valorar y conferir un rol político a su mujer. Esto originó un enorme barullo en la prensa y los círculos políticos de Washington. Las polémicas en el Congreso y en el Senado fueron intensas. Se decía: «¡Quien gobierna ahora es Hillary R. Clinton!». No ganó la batalla, pero no obstante logró manifestarse. No es fácil conceder un espacio creciente a las mujeres en política; se dan dos pasos adelante y tres hacia atrás. Lo mismo ocurre con los roles culturales y con todo rol decisorio o de poder.

Militar para que las mujeres ejerzan cada vez más roles de poder forma parte, según usted, de las acciones indispensables para esa emergencia de lo femenino...

Sí, pero hay que saber que los roles sólo pueden distribuirse después de que tenga lugar una interiorización y una comprensión espiritual. Todo empieza con el conocimiento espiritual. A continuación éste se traduce al nivel artístico y cultural, y sólo después puede haber repercusiones en la política. Es un conjunto de cosas que se dan encadenadas. Siempre digo que resulta evidente que el mundo político no ha interiorizado y no ha logrado canalizar su *kundalini*, con lo cual se exterioriza de manera agresiva. Por otro lado, en nuestros días la vida política de la mayor parte de los países está regida por individuos que han superado la edad de sesenta y cinco años. Es decir, por hombres mayores, de otra generación, que en su mayoría padecen cáncer de próstata. Es uno de los síntomas actuales. Se ha demostrado que el porcentaje de esperma fecundante ha caído en un 40 % en los últimos diez años. O sea que, en el ámbito estrictamente biológico, los hombres aportan una menor energía viril que hace un tiempo. Es cuando menos interesante...

¿A qué se debe?
La mayoría de los hombres no saben "cuidar" de su energía. Ésta es la respuesta. No tienen una perspectiva lo bastante natural y femenina respecto a la curación, su cuerpo, su salud, la vida en general. La contaminación medioambiental es un aspecto externo de este mismo problema.

¡Haría falta que todos los hombres poderosos encontraran una mujer que les iniciara en el tantra! ¿Considera que las virtudes de su pareja interior han evolucionado? ¿Cómo describiría la alquimia de ese matrimonio interior, de su parte masculina y la femenina?
Esa pareja no ha dejado de evolucionar. La experiencia más fuerte que recuerdo tuvo lugar en Australia. Me reuní en una vivienda particular con amigos que realizaban una búsqueda personal inspirada en las enseñanzas chamánicas y aborígenes. Durante esa estancia, el proyecto consistía en alcanzar un estado entre la vida y la muerte. La primera semana no se podía comer, beber ni realizar práctica espiritual alguna –ni meditar, ni escribir, leer, visualizar o controlar la respiración–; había que permanecer en la completa "no acción". Una semana entera percibiendo cómo se desintegraban los es-

tratos del yo. Podías enjuagarte la boca, pero sin ingerir; no podías beber, pero sí darte un baño. ¡Lo seguí todo al pie de la letra! La segunda semana, la experiencia continuaba bebiendo agua, y la tercera semana, agua mezclada con zumo de frutas. Entonces, en el transcurso de una meditación bajo un árbol tuve una experiencia muy profunda. Me vi como hombre, y permanecía sentada en *yab-yum* alrededor del hombre, fusionada con él. En esta fusión había una luz inmensa que brotaba de todo mi cuerpo, ascendiendo directamente al *chakra* de la coronilla para desembocar en la copa del árbol y alzarse por último hacia el universo. Era como la culminación de ese tiempo de purificación, el mensaje final. Algo cambió a partir de ese día. Para sentirme bien conmigo misma, ya no necesito condiciones externas, ya no necesito encontrarme en un lugar en concreto, en un país determinado, tener dinero, estar sola o con un hombre, estar casada o soltera, tener padres o no. Se ha convertido en algo intrínseco a mí misma. Ninguna palabra puede describir este estado; es una especie de bienestar gozoso, muy simple, y para mí la virtud de esa pareja interior se traduce únicamente mediante esa simplicidad en la presencia, indefinible e incondicionada. El único signo exterior es que, en mi vida presente, todo cae por su propio peso. Hay una especie de *succes beyond struggle*: cuanto más peleamos, más conflictos tenemos con los demás; ya no se trata de imponer mi punto de vista, sentir que algo no es justo y que habría que hacerlo mejor. Tengo la impresión de haber sido tocada por la gracia. Y ahora siento una profunda gratitud por ser quien soy allí donde estoy.

13. LA BÚSQUEDA TÁNTRICA
Daniel Odier

"Tantra": una palabra de culto en Occidente. De hecho, esconde un sistema místico complejo, uno de los más antiguos del planeta, el del tantrismo shivaísta de Cachemira. Su aspecto misterioso se debe a su difícil desciframiento, y su práctica requiere un inmenso rigor ascético.

El tantrismo shivaísta de Cachemira ocupa un lugar excepcional en la historia del pensamiento. Nacido hace más de siete mil años en el valle del Indo, esta corriente mística, científica y artística de la cultura dravídica abarca la totalidad de las potencialidades humanas, sin ninguna exclusión; emplea los sentidos y privilegia la acción del adepto que se compromete plenamente en el camino del conocimiento. El tantrismo es con toda probabilidad la única filosofía antigua que ha atravesado todos los avatares históricos, todas las invasiones y dominios, para llegarnos intacta gracias a una ininterrumpida transmisión de maestro a discípulo. También ha sido la única en conservar la imagen de la Gran Diosa sin operar la inversión de poder entre la mujer y el hombre para favorecer a este último.

Los drávidas, pueblo marino, construyeron las grandes ciudades de Mohenjo Daro y Harappa. Su civilización se extendía desde el valle del Indo en el Pakistán actual hasta el mar Rojo y el Mediterráneo. La invasión de tribus arias venidas de Ukrania, hace tres mil años, impuso el vedismo. Los maestros tántricos huyeron de las ciudadelas ocupadas y se instalaron en el campo y en lugares inaccesibles de la cordillera del Himalaya. El tantrismo shivaísta resurgió con fuerza en el inicio de nuestra era y alcanzó su apogeo hacia el siglo XI en Cachemira, lugar situado en la encrucijada de las grandes rutas comerciales y culturales. Cachemira formaba parte del misterioso país de Oddiyana, situado entre Afganistán, la India y Pakistán. Abarcaba el valle de Swat, cuna de nacimiento de numerosos *mahasiddha* y *dakini*, grandes iniciadores e iniciadoras tántricos que difundieron la doctrina en el resto de la India, Nepal, China y el Tibet.

Para mí, una de las más grandes revoluciones interiores operadas por la búsqueda tántrica a través del shivaísmo cachemir fue la revelación de que el despertar no puede tener lugar mientras no caigan las limitaciones arbitrarias relativas a la pertenencia sexual. El aumento de la *kundalini* sólo puede ocurrir en un cuerpo/espíritu en el que toda dualidad se haya diseminado en el espacio merced a la apertura del corazón. Y el corazón es Shiva/Shakti, el andrógino, creador del yoga, señor de la danza y de la vibración; la ondulación del corazón que abre las otras ruedas (*chakras*) y permite recuperar el estado extático que siempre ha estado en nosotros.

El éxtasis innato

La presencia de este éxtasis innato es una de las grandes riquezas del tantrismo, y toda la búsqueda se despliega a partir de esa realidad: movimiento interiorizado, regreso al Sí mismo, abandono de todo fantasma espiritual de alcanzar un conocimiento supremo o una revelación más allá del Sí mismo.

Un no-camino, al fin, pues desde un punto de vista absoluto nosotros somos el dios, la diosa que nuestra visión dualista nos forzó a imaginar fuera de nosotros mismos. Abhinavagupta, una de las máximas figuras del shivaísmo cachemir, escribía en sus himnos en el siglo XI: «Rindo homenaje a Bhairava felicidad, plena de conciencia, que habita el loto del corazón. Las divinidades de los sentidos lo veneran perpetuamente mediante la ofrenda de los goces de sus propios objetos».[5] Ese goce sólo se convierte en ofrenda cuando está desligado de todo proyecto personal, de toda atadura al yo, de toda pertenencia masculina o femenina y cuando, por la viveza de su presencia en el mundo, el *tantrika* es a la vez el origen y culminación de la vibración que vierte y que vuelve a él después de recorrer el mundo, enriquecida con esta fusión. Sólo entonces el sujeto y el objeto, el adorador y lo adorado reunidos en el éxtasis, beben lo que los textos tántricos llaman la "suprema ambrosía", esto es, el goce del Sí mismo que contiene la totalidad del mundo, su luz toda, pero también su oscuridad.

Presencia de los sentidos e iluminación divina

Esta omnipresencia de los sentidos, de la continua vibración divina que atraviesa todos los estados que puede conocer la conciencia humana, todas las modalidades de la realidad escindida en treinta y seis *tattva* a partir de los elementos básicos –tierra, aire, éter, fuego– hasta la culminación mística –Paramashiva, lo indiferenciado andrógino en que Shiva y Shakti son indisolubles– es la marca más profunda del tantrismo. Nada escapa a la realidad del mundo; la totalidad de lo

---

5. Abhinavagupta, *Hymnes*, traducidos y comentados por Lilian Silburn, Instituto de Civilización India, 1986.

divino se inscribe en cada átomo y cada átomo es mi propio cuerpo. Además, Shiva y Shakti emanan de esta androginia y vuelven a ella; permanecen fuera el tiempo de ofrecer al mundo un texto revelado, como el *Vijnanabhairava Tantra*.[6]

La gran unión

A imagen de Shiva y Shakti, a veces se permite que el *tantrika* practique con su maestro, o bajo su supervisión, el ritual sexual de la gran unión. Las únicas condiciones que se requieren son tener el alma de un héroe, el corazón franco, el dominio de la respiración, del contenido mental, de los procesos psicológicos y de los apegos vinculados al yo. Entonces, la *Maithuna*, el ritual de unión sexual, se convierte en la realización carnal de un proceso previo de fusión interior en el que los extremos masculinos y femeninos se integran a la perfección. El acto sexual ya no es un medio ilusorio para alcanzar la unidad, sino más bien la materialización de la disolución de las nociones duales y no duales.

Porque tomada a la inversa, utilizada como medio, la unión tántrica refuerza los "nudos" que nos atan a la ilusión de la dualidad y abortan toda posibilidad de acceder al centro del corazón, dominio de Shiva/Bhairava, donde se aloja la felicidad más incandescente.

La enseñanza de la existencia de estos "nudos" forma parte del lado iconoclasta y directo del magisterio del tantrismo cachemir; siempre recordaré mi decepción cuando mi maestro Devi, con humor, me dijo que lo que yo consideraba *chakras* en realidad eran "nudos" y que sólo el *tantrika* avezado

6. Véase *Tantra Yoga*, traducido y comentado por Daniel Odier, Albin Michel, 1998, que contiene todas las prácticas mediante las cuales el *tantrika* puede recuperar lo divino en sí mismo.

observa cómo sus "nudos" se transforman en *chakras*, "ruedas" que, si se las hace girar, concentran la energía.

El corazón de Shiva/Shakti

Para acceder al corazón de Bhairava/Bhairavi, Shiva/Shakti, al mismo andrógino, la búsqueda del *tantrika* comienza por la presencia sosegada en el mundo. Con los sentidos y el espíritu diseminados en lo real, que abarca la totalidad del absoluto, el *tantrika* se abre, vibra, se despliega con cada contacto. Poco a poco, esta presencia, esta virtud atenta, al principio intermitente, se instala y empieza a ocupar el templo de su propio cuerpo. Durante este proceso ininterrumpido, la impresión más fuerte que he conservado fue cuando Devi introdujo el espacio en mi interior. Mi cuerpo se distendía, conquistaba poco a poco su feminidad profunda y por su mediación accedía a lo que el tantrismo denomina virilidad, es decir, la capacidad de asombrarse.

14. DEL MAESTRO INTERIOR AL ALMA GEMELA

Jean Letschert

¿Acaso lo femenino del ser no se confunde con el sentimiento poético? Y la búsqueda del alma gemela, ¿no es la apasionada búsqueda de la mitad que nos falta? Porque presentimos que más allá de la pulsación de lo binario se encuentra el infinito.

Durante mis primeras peregrinaciones al Himalaya, hace treinta años, un *sadhu* me dijo una frase que en aquel tiempo me pareció desconcertante: «Si puedes comprender el alma de una mujer, conocerás el mundo y lo que hay detrás del mundo».

Esta frase parecía a un tiempo banal y enigmática. Superficialmente hacía pensar en ese tipo de frases hechas que se encuentran en muchas tradiciones así como en las corrientes psicológicas contemporáneas. El arquetipo del *anima mundi* se ha perpetuado en las tradiciones esotéricas de Occidente desde la Antigüedad y, en cierto sentido, tenemos una conciencia inconfesada de la relación íntima de la mujer con la naturaleza del mundo. Pero había algo más en las palabras pronunciadas por aquel santo de mirada fija y penetrante, coronada por una espesa mata de cabello rojizo y vestido con un sencilla túnica remendada y descolorida; había una verdad que se emboscaba tras la aparente verdad de las palabras, sin duda ese "algo" que misteriosamente se ocultaba tras el mundo y que arraigó en mi conciencia de un modo indeleble. Ese enigma me obsesionó durante muchos años en mi búsqueda espiritual, hasta el punto de convertirse en una especie de *koan* que, con el transcurso del tiempo, ha transformado literalmente mi vida.

Toda búsqueda espiritual oculta sin duda numerosas paradojas. En su conjunto, la mayor parte de las tradiciones, en cuanto se disponen a señalar el camino sinuoso de la búsqueda para establecer las referencias y las etapas clave, no dudan en desaconsejar, o incluso prohibir, a veces dogmáticamente, toda forma de compañía femenina. Aun cuando creara obras admirables dedicadas a la Diosa Madre, el propio Shankaracharya escribió: «De todos los nacimientos, el nacimiento humano es el más difícil; aún más difícil es el de un cuerpo masculino». Aspirantes espirituales, ¡estáis prevenidos! Ya vengan de Oriente o de Occidente, un buen número de tradiciones monásticas –que preconizan la ascesis y la renuncia como únicos medios de liberación– insisten irrevocablemente en la necesidad de apartarse de todo lo que, directa o indirectamente, se vincule a la feminidad, fuente de todas las desviaciones sensuales y mundanas y objeto de todas las tentaciones.

Y he aquí que un ermitaño de lo más recóndito del Himalaya me hablaba del alma de una mujer, revelándome en voz baja, casi imperceptible, como si quisiera confiarme un secreto, que su comprensión, íntima y profunda, llevaba a un conocimiento aún más vasto, el de lo que hay más allá del mundo.

Pero detrás del mundo no hay nada a excepción de Dios, del Absoluto, de lo desconocido. Por lo tanto, ¿conocer el alma de una mujer puede darme a conocer lo desconocido y ponerme frente a Dios? Sin embargo, aquel ermitaño de rostro radiante no parecía querer burlarse de mí en absoluto. La seriedad e intensidad con las que había pronunciado aquellas palabras habían tocado una fibra de mi ser que me era desconocida, y no se me ocurrió encoger los hombros y continuar mi camino sin hacer mucho caso a sus recomendaciones. Al contrario, me senté al borde del abismo y cerré los ojos un largo rato. Sentí cómo esas palabras invadían todo mi ser, como si a su paso despertaran cada célula y, animado por un profundo estremecimiento interior, desaparecí en una ensimismada meditación.

Gracias a la magia de aquellas palabras simples y fecundantes, me habitó un intenso estado poético, una íntima poesía del ser. La percepción del mundo era un acto poético. El descubrimiento de ritmos y de la melodía que atraviesa los fenómenos aparecía como una realidad al margen de todas las realidades parciales.

El eros con toda inocencia

A partir de ese momento advertí que, desde mi infancia, siempre había intentado vivir y comprender poéticamente los seres y las cosas. Me impulsaba una necesidad casi visceral de poesía vital.

La poesía, tal como deseaba vivirla, no era sólo una sucesión de rimas –aunque formara parte de ello– sino más bien una condición del alma que penetra en la naturaleza de todas las cosas para descubrir en ellas la vibración íntima de su interioridad, la música esencial que realza su forma y su sentido. Tenía la sensación de no poder comunicar esa percepción a los otros chicos de mi clase. La sensación de que experimentaba algo esencialmente femenino. Esa feminidad contenida me parecía un cuerpo dentro de mi cuerpo. Un cuerpo de poesía.

Más tarde me daría cuenta de que no existe verdadera filosofía, ni verdadera religión, sin poesía, es decir, sin eros consciente. Y lo femenino es lo que concede su poesía a la espiritualidad, al margen del origen que ésta tenga.

Es una suerte insólita observar el propio destino completamente trazado cuando aún se está en el umbral de la pubertad. Sólo tenía nueve años cuando un acontecimiento extraordinario me hizo consciente de mi destino de artista. Recuerdo que a la edad en la que muchos chicos se entregaban a masturbaciones diarias, todo mi cuerpo estaba habitado por una raro arrebato de éxtasis que me hacía penetrar en un mundo imaginario, ilimitado. Un mundo tejido de arabescos y remolinos, que me sumergía en una interioridad atemporal. El eros físico y pulsional había sido extrañamente sustituido por un eros más sutil e intangible que atravesaba menos mis sentidos que mi imaginación, nutriéndola de imágenes mágicas, hasta arrastrarla a impulsos místicos. Yo, de naturaleza silenciosa y solitaria, todos los días volvía del colegio en compañía de dos chicas del mismo edificio a las que contaba historias extravagantes. Sentía que el mundo maravilloso que me habitaba sólo podía ser comprendido y compartido por aquellas dos señoritas, que prestaban atención a mis delirios infantiles. Aquella atención ejercía sobre mí una estimulación constante que alimentaba sin cesar la aspiración de mi eros efervescente. Había una simbiosis perfecta entre la receptividad de aquellas chiquillas y la actividad interior de mi imaginación creadora. Sin saberlo, ya estaba a punto de cortejar a la musa. Conversaba con mi eros con toda inocencia.

La fecundidad del alma

Sólo mucho más tarde llegué a comprender que mi eros había sido estimulado más por mi femenino interior que por mi masculino exterior. La atención es, sin lugar a dudas, una actividad femenina que invita más naturalmente a la confidencia y a la activación liberadora de la imaginación creadora.

Los artistas y los poetas viven en un mundo intermedio, tangencial a dos realidades complementarias: la realidad del mundo visible y la del invisible. El camino espiritual tiene como objetivo reconciliar ambos mundos en el corazón del ser, hasta volverlos mutuamente intercambiables. Sus realidades respectivas se funden entonces en la Realidad del ser, en la que adquieren un sentido único. Por su naturaleza biológica y psíquica, la mujer vive en un mundo análogo, entre lo fenoménico y lo no fenoménico, en el que la percepción y comprensión de las cosas reviste un carácter más estético que moral, científico o "juicioso". Empleo aquí la palabra "estético" en su sentido más amplio y más profundo: el griego *aisthetikos* expresa la facultad de penetrar y sentir profundamente la unidad armoniosa de las cosas. Esta facultad es inherente a la feminidad. La mujer siente antes de saber, el hombre quiere saber antes de sentir; la mujer vive para comprender, el hombre ha de comprender para sentir que vive. Toda la problemática de las filosofías masculinas reside en esto. Y, sin embargo, "filosofía" es una palabra femenina.

Es significativo que el mundo de la poesía y del arte se haya impregnado de tal modo de la presencia femenina, aun cuando los autores que nos han legado las más grandes obras maestras pertenezcan en su mayoría al género masculino. ¿No es sobre todo lo femenino lo que se expresa a través de ellos?

Este sentimiento no ha dejado de alimentar mi búsqueda espiritual durante muchos decenios. Hoy tengo la impresión de haber avanzado siempre con un radar, una especie de imantación interior cuya sutileza y pertinencia evolucionaban espontáneamente gracias a la lenta liberación de mi femenino interior en el ejercicio constante del arte. Esa sensibilidad femenina que mi destreza masculina utilizaba y canalizaba felizmente.

El arte y la poesía son la continuidad de la naturaleza en el ser humano. Juntos fecundan el alma humana. Y lo femenino no sólo se vincula simbólicamente a la naturaleza. Lo femenino detenta los secretos de la naturaleza y en él descansa su esencia. Dadora y nutricia de vida, la mujer encarna la conciencia de la naturaleza metamorfoseada en lo humano. Ejerce este sacerdocio desde el amanecer de la historia, cuando conspiró con la naturaleza sembrando en ella las primeras semillas que alumbraron la agricultura, mientras los hombres conspiraban para acorralar la caza en los bosques, pergeñando las estrategias que los llevarían a guerras interminables y a la destrucción organizada de la naturaleza.

Mi femenino interior escogió manifestarse a través del arte, y gracias al arte me acompañó a lo largo de mi itinerario espiritual. Aleación alquímica de masculino, femenino y una tercera entidad misteriosa que unas veces denominamos "lo maravilloso" y otras "adoración" o "amor".

La India y la omnipresencia de lo femenino

Querría insistir de paso en la *naturaleza naturante* de lo femenino, porque sólo a través de ella el Espíritu, es decir, lo invisible, adquiere una sustancia que la experiencia hace reconocible. En este sentido, la naturaleza de lo masculino aparece como naturaleza "naturalizada" por el tránsito biológico y psíquico en la matriz de lo femenino. A partir de ese momento, podrá acceder a una naturaleza naturante adecuándose a la naturaleza del mundo en que vive gracias a un pasaje retroactivo en la conciencia matricial de lo femenino. En cierto modo una especie de regresión psíquica *in utero*, destinada a invertirse en cierto punto, en progresión hacia la reunificación en su ser de estos dos aspectos de la naturaleza. Una película hacia atrás que conduce a un segundo nacimiento, espiritual. Esto resume bien el camino iniciático preconizado, por ejemplo, por la senda tántrica.

El radar también me condujo a la espiritualidad de la India al principio de la década de 1960. Como artista simbolista, buscaba la imagen perfecta de mi *anima* hasta su representación más precisa. Es una obsesión típica de todos los simbolistas, desde William Blake hasta André Breton.

La India es inconcebible sin la evidencia de la omnipresencia de lo femenino. La religión milenaria de la India es la única en la que los dioses viven en pareja eternamente; a menudo sus esposas constituyen el medio de acceso ineludible para llegar hasta ellos y adorarlos. Un poco el papel que Sharada Devi desempeñó al principio de mi búsqueda. Este concepto teológico afirma la interdependencia de dos principios y preconiza su indiferenciación en el seno del ser. Por otro lado, al contrario que en la concepción occidental, lo femenino en la tradición india se muestra activo, mientras que lo masculino es pasivo. Sin embargo, la noción de actividad ha de entenderse aquí en un sentido de absoluta interioridad. La Shakti actúa permanentemente en el universo interior del ser encarnado, al igual que actúa a través de fenómenos de la naturaleza, y no por encima de ellos. Esta acción, completamente interior, sólo presenta múltiples efectos en el mundo exterior de un modo reactivo. Además, esos efectos dependen del nivel de conciencia del individuo en el que actúa la Shakti, del grado de conocimiento e ignorancia que tenga de su acción en todas las ramificaciones de su ser. La Shakti es la naturaleza naturante del dios del que es esposa. Su papel consiste en "naturalizar" al adepto o discípulo para que pueda realizar en su ser la naturaleza conjunta de la pareja que forma. Entonces se cierra el bucle y conoce la experiencia de la no dualidad, encontrándose por último reunido en su ser.

La naturaleza de la Shakti se sumerge en un gran misterio, al que se añade el misterio último del esposo, del que sólo ella conoce los secretos. Shiva y Vishnu viven en un orbe nebuloso e inaccesible y, gracias a la presencia, la persistencia y la actividad clandestina de Parvati y de Shri, la naturaleza del individuo que busca la liberación se abre y alcanza la recepción de lo último.

Fuera como dentro

¿Qué es pues ese femenino misterioso e incomprensible del que buen número de fanáticos espiritualistas han huido como de la peste, que los regocijados hedonistas han ensalzado al culmen de todas las gratificaciones de la lujuria, que los trovadores han cantado como la transustanciación del Espíritu Santo, que los poetas han venerado en su nostalgia de los orígenes y que los visionarios védicos han comparado con el alba, la inmensidad, el esplendor de los sabores celestiales y la pureza, que dioses y hombres no conocen en su esencia? ¿Qué es pues ese femenino omnipresente y devorador que los yoguis tántricos temen e invocan a un tiempo, hasta desear que su misterio los absorba completamente, que una tradición tan gigantesca como la de la India ha hecho surgir en las múltiples ramificaciones del devenir? ¿Qué es pues ese femenino que sólo pide realizarse en cada uno de nosotros? Es un recipiente virgen pero siempre acogedor. Cada gota que cae en él hace resonar todos sus elementos, como si cada partícula fuera un océano. Como si con cada gota cayera el mismo y único océano. Es la capacidad y la aceptación de alumbrar la luz del Espíritu en la sustancia doliente del mundo, y nutrirla, incansablemente y sin esperar nada a cambio, con la quintaesencia de la vida. Es lo que otorga a la trascendencia su inmanencia. Es la *imperiencia* sensible del ser.

Hablar de lo femenino interior es un pleonasmo ya que, por definición biológica, lo femenino es *interioridad*. ¿Sumergir cuerpo y alma en nuestro universo interior no es enfrentarnos simultáneamente a nuestra feminidad? ¿No es ésta la razón por la que muchos hombres machistas se aferran siempre a su propia superficie, por miedo a perder su ilusoria identidad masculina?

Del maestro interior al alma gemela

La vida espiritual es un perpetuo devenir. Su trayectoria sinuosa avanza indefinidamente hacia una espiritualización cada vez más intensa y vivificante de las formas simples de nuestra vida cotidiana. El maestro espiritual, para aquellos que lo han conocido en carne y hueso, ha de transformarse en maestro interior. Esta metamorfosis se produce como un lento "fundido encadenado" en el transcurso del cual la contribución espiritual del maestro exterior se disuelve en la médula esencial de la conciencia, aportando la savia nutritiva de la que emergerá un cuerpo de verdad que absorberá, poco a poco, el organismo entero. Éste es el trabajo de la búsqueda. El maestro interior es esa presencia infalible que demuestra la autenticidad de las enseñanzas que hemos incorporado del maestro exterior. En este punto también observamos cómo una presencia femenina a menudo actúa como espejo del maestro interior, estimulándolo y poniéndolo a prueba, exigiéndole sin cesar que aparezca más frecuentemente en la superficie de nosotros mismos para ampliar ese cuerpo de verdad más allá de los límites existenciales. Convertirse en un maestro interior a flor de piel. La desacralización institucional de la vida que nos impone el mundo moderno ha hecho que el hombre olvide que existen musas, y que de hecho están entre nosotros. Si el maestro espiritual es un modelo de sabiduría, la musa es un modelo de la gracia a la que aspira el alma. Su función consiste en conducir el alma hacia el logos a través del eros. El ascetismo puro y duro, a menudo desprovisto de poesía y de estética, generalmente reprime este proceso empero natural, rechazando toda intervención de la musa como catálisis de la experiencia de la beatitud. De este modo el ascetismo puede convertirse en una neurosis entre tantas otras. Una espiritualidad que conduzca a la reconciliación de los contrarios ha de considerar metódicamente la conjugación armoniosa de ascetismo y erotismo.

El saludable predominio de lo femenino en mi destino espiritual sin duda me ha preservado de vivir como un recluso solitario, lejos del mundo, de los hombres… y de las mujeres. En repetidas ocasiones la musa se ha encarnado en mi vida, y hoy se ha convertido en "alma gemela". Desde hace algunos años, mi maestro interior se mide en relación con la presencia de este ser amado, siendo consciente de que el barómetro de nuestros niveles espirituales se encuentra en el centro de la espiritualidad conyugal. Si todos hemos nacido de una pareja, me da la impresión de que los ejercicios espirituales a un tiempo más exaltadores y peligrosos se viven en el seno de la vida de pareja, en la que literalmente se desploman todas las máscaras y los últimos subterfugios del yo. A lo largo de los años podemos aprender un rol de memoria sin comprender el sentido que lo alienta; la vida que llamamos "espiritual" puede ser sólo un vulgar plagio de una enseñanza sublime. La constante presencia del alma gemela se erige en el interlocutor infalible que nos obliga a salir del rol para acceder a la actualización.

Inspiradora y reveladora, en adelante mi alma gemela da forma y pone música a los murmullos de mi maestro interior, confiriendo a su despertar el más hermoso argumento para no volver a dormirse. Ese femenino, al principio insondable y misterioso, se ha convertido en una realidad en el día a día, tanto dentro como fuera. Gracias a él, toda mi espiritualidad se encarna y se actualiza, y me hace redescubrir y realizar, bajo nuevas perspectivas más cercanas a la simplicidad de lo real, todo lo que creía haber asumido. La exigencia de su amor es el más purificador de los filtros mágicos. Pero, merced al amor que nos une, sé que ella desea ardientemente que yo comprenda la profundidad de su alma, y que la mía brille como el día en el secreto de la noche. Mediante su libertad como mujer y su dignidad como madre, hace que cada día yo reconozca el mundo como una continuidad indisociable del Espíritu. Y gracias a la transparencia y la verdad de lo que ella representa, advierto al fin *lo que hay detrás del mundo.*

15. LOGRAR QUE NUESTROS DOS CEREBROS SE COMUNIQUEN

Entrevista con André Van Lysebeth

Desde luego, el dominio de la energía emocional y sexual es una de las claves últimas de la transformación personal. Pero el tantra no se limita a la sexualidad, y el diálogo con nuestro femenino interior no implica afeminarse ni perder la virilidad. ¡Apelemos a la cordura!

Pregunta: ¿Cómo vive el tantra con su pareja?

André Van Lysebeth: Digamos que mi vida "normal" se ha impregnado de la visión tántrica, gracias a la cual percibo el carácter divino de la naturaleza. Es decir, trato de percibir la naturaleza como manifestación de la potencia creadora de la Shakti cósmica, tanto en los aspectos más humildes de la vida corporal como en la espiritualidad más pura. Esto hace que no compartimente mi vida, que no considere que por un lado hay una vida "en pareja" y por otro una vida "al margen de la pareja" –una vida normal, de algún modo–. En la medida de mis posibilidades y de mi educación occidental, procuro discernir el modo en que la mujer contempla el mundo, los seres vivos y los objetos, para acceder a ella y participar en su experiencia de la vida en general.

Así, por ejemplo, la mujer, y también mi mujer, no ve el jardín como yo lo veo en tanto hombre. Para mí, el jardín es sobre todo un grato decorado destinado a realzar el valor de la casa, un lugar agradable donde pasear y, en verano, sentarse a la sombra de los árboles y leer… Para mi mujer, el jardín está poblado de plantas que son entidades vivas, en el sentido más profundo del término, de las que se siente responsable, con las que interactúa y hacia las que abriga una actitud y un comportamiento maternal. Se preocupa y sabe si a una flor le gusta un determinado emplazamiento, si tiene sed o no, si necesita abono, mientras que yo tiendo a admirar simplemente la belleza de la flor, la armonía del conjunto.

Además, evidentemente compartimos la práctica del yoga, incluso el del supuesto yoga no tántrico, aunque no puede separarse ninguno de los aspectos del yoga del gran tronco tántrico del que descienden. Cuando practico mis *asanas*, escucho la voz de la inteligencia superior del cuerpo y mediante la meditación trato de aprehender la personalidad y la visión del mundo de la mujer en general, y de la que comparte mi vida en particular.

En su última obra escribe: «Desarrollar los aspectos femeninos en el hombre no implica arrebatarle su virilidad…». ¿Por qué ha sentido la necesidad de advertir a los lectores de este punto?

En efecto, he temido que en Occidente se produzca una confusión lamentable entre feminizar y afeminar, lo que, como usted sabe, es esencialmente diferente. Impregnarse de la visión tántrica no implica afeminarse en absoluto, más bien al contrario. Una pareja será tanto más tántrica cuanto el hombre sea más masculino, en el sentido completo del término, y cuanto más asuma y realice la mujer su feminidad en la pareja en la que desempeña el papel central, esencial. Una de las ideas básicas del tantra es la noción de polaridad. Y esto en todos los niveles. La bombilla eléctrica alumbra porque tiene corriente negativa y positiva. Si sólo hubiera negativo o positivo, no ocurriría nada. Desde el *big bang* (citémoslo a la espera de otra cosa, ya que está tan de moda), desde el origen de la manifestación, ésta sólo fue posible merced a la bipolaridad cósmica universal, simbolizada en el tantra por la pareja Shiva-Shakti, y por Purusha y Prakriti en el samkhya.

¿Cómo se ha comunicado con su femenino interior a lo largo de su vida? ¿Cuándo entabló relación con él? ¿Qué le gustaría decirle a su femenino? ¿Lo escucha?

Para definir en pocas palabras lo que puede significar la expresión "dialogar con los aspectos femeninos" hemos de recurrir a la moderna división de las actividades psíquicas que remiten respectivamente al cerebro derecho y al izquierdo. El cerebro izquierdo es el del intelecto, el yo; es el cerebro lógico, creador y analítico, el que cree en la ciencia, en la razón, inventa y desarrolla las matemáticas; es el cerebro de la tecnología. Su dominio es la mente consciente de la vigilia. Por el contrario, el cerebro derecho está dominado por el inconsciente (en el sentido junguiano del término), la imaginación creadora, la síntesis, la emoción, los símbolos, la intuición. Es el cerebro femenino.

Nuestra civilización moderna privilegia excesivamente las funciones del cerebro izquierdo en detrimento del derecho. Mi progreso personal consiste en procurar desarrollar en mí la intuición, la poesía, la síntesis, el diálogo con mi inconsciente y todas sus riquezas y dejarme guiar más por la intuición que por la lógica pura, con el fin de que las dos mitades del cerebro establezcan un diálogo.

Esto no implica renunciar al intelecto, al análisis, sino desarrollar los aspectos del cerebro derecho para equilibrar ambos. El cerebro izquierdo pertenece más al tipo masculino, solar, simbolizado por Shiva, mientras que el derecho es de tipo femenino, lunar, simbolizado por Shakti.

Rico en la experiencia del tantra, si tuviera que transmitirnos "el aroma", "la impresión" o "la huella" que deja en usted el matrimonio de su femenino y su masculino interior, ¿qué nos diría?

Querer describir el "aroma" de los aspectos masculino y femenino del matrimonio del propio ser o querer describir el aroma de las fresas es poco más o menos lo mismo. Es experimentar la sensación de haber descubierto, al fin, la verdadera vida, sentirse menos limitado, participar en la vida suprema, que es una e indivisible. Es percibir toda la riqueza del universo femenino, la fuente inagotable de la vida. La mujer no es sólo el origen de toda vida, es la vida misma. Mi madre me dio la vida, que ella recibió de su madre, que a su vez la recibió de la suya, y así sucesivamente. De este modo, tomo conciencia de la sucesión ininterrumpida de madres y advierto que la vida que me habita aquí y ahora es tan antigua –aunque siempre nueva y joven– como la vida desde su nacimiento en el planeta. E incluso advierto la unidad de toda la vida que pueda existir en el vasto universo, aunque se dé en un distante planeta satélite de una lejana estrella en una galaxia remota. Me abandona la sensación de ser un sistema cerrado para sentirme abierto y permeable a todas las formas de ser existentes en nuestro cosmos, desde toda la eternidad. Soy consciente de formar parte del proceso que denominamos vida, de la que soy una manifestación temporal, y que este proceso no ha tenido un verdadero comienzo y no tendrá fin, ni siquiera con la disolución final de nuestro universo. Esa experiencia permite trascender los aspectos a veces triviales o, por el contrario, trágicos, de toda existencia, incluida la propia, lo cual va más lejos que el *cogito* de Descartes. Deshace todas las fronteras ilusorias entre mi yo y mi no yo, y esto es una experiencia liberadora.

Desde que el tantrismo ha llegado a Occidente observamos diferentes modos de practicarlo. Uno de los más extendidos parece girar alrededor del uso desenfrenado de la energía sexual, identificada –apropiadamente o no– con la energía espiritual. Según su opinión, ¿esto se corresponde con las enseñanzas tradicionales del tantrismo respecto a la transformación de la energía espiritual en un medio para actuar en el mundo?

En efecto, lo que Occidente conserva del tantrismo son los aspectos relativos al sexo, y es una lástima. Por supuesto, la sexualidad es una parte integrante de la vida y no se opone a lo espiritual, más bien al contrario; pero confundir la promiscuidad más rastrera y la espiritualidad es un error monumental. Por esa razón los dos primeros tercios de mi libro están dedicados a la exposición de los aspectos no sexuales del tantra, a su pensamiento profundo; sólo el último tercio consta de técnicas sexuales tántricas específicas que permiten prolongar la experiencia sexual y que son legítimas, pero que sólo tienen valor en función del citado "pensamiento profundo". No ver en el tantra más que estos aspectos sexuales es una desviación que deforma completamente su mensaje profundo.

16. LA BÚSQUEDA DEL GRIAL
Encuentro con Jean Markale

La búsqueda del Grial, la copa misteriosa, no se puede efectuar sin la ayuda de la luz de lo femenino: no se engañaban los caballeros que juraban fidelidad a sus damas. El autor de La mujer celta, *irrefutable especialista en las civilizaciones célticas, nos dice cómo vive los mitos del Occidente septentrional.*

Pregunta: ¿Cómo ha vivido el surgimiento de su femenino interior?

Jean Markale: Es difícil de explicar. Realmente no he sido consciente de ese femenino interior, más bien he experimentado su surgimiento de un modo sensible. He recibido, como todos los chicos de mi generación, una educación que podría describirse como "machista", y no podía no rechazar esa feminidad. A fuerza de escuchar: "«Hijo mío, sé un hombre»", difícilmente podía aceptar los componentes femeninos que se revelaban en mí. A los dieciocho o veinte años advertí, a través de los poemas que escribía y los artículos que empezaba a publicar, que me atrincheraba en una virilidad muy agresiva, y esto me conmocionó. Entonces dirigí mi mirada hacia la poesía femenina, para hallar un contrapeso. Comprendí que mi visión del mundo era demasiado intelectual, demasiado científica, y que me faltaba un conocimiento sensible de los seres y las cosas: para mí fue una revolución interior inclinarme sobre una flor para deleitarme con la belleza y el perfume, apoyarme en un árbol para sentir la fuerza, sentarme en las rocas a la orilla del mar sólo para perderme en la contemplación de las olas, para disolverme en ellas. En ese momento comprendí que en mí había una parte femenina y que si quería enriquecerme era necesario desarrollar ese aspecto.

Más tarde, durante mis estudios, me impresionó la cantidad de palabras de género masculino que utilizamos, mientras en otras lenguas esas mismas palabras son femeninas. Por ejemplo, en las lenguas célticas y germánicas el sol es femenino y la luna masculina. A continuación reflexioné en el sentido de los mitos. Insisto en que hemos de reactualizar los mitos en nuestras vidas. Me percaté de que los mitos fundamentales revelaban una situación anterior en la que la mujer no era relegada a la sombra, cuando era admitida con su verdadera personalidad. Personalidad que no ha alcanzado su madurez en la realidad porque ha sido humillada. Se ha humillado esa personalidad no sólo en la mujer sino también en el hombre.

Usted es conocido gracias a sus numerosas obras acerca de mitos como Tristán e Isolda, Lancelot y Ginebra, los relatos del amor cortés, etc. ¿Cuál es el vínculo sutil entre Jean Markale y Tristán e Isolda? ¿Hay una relación entre ciertas imágenes femeninas míticas y su naturaleza femenina?

Sí, es cierto, he expresado mi feminidad resucitando a personajes míticos. No soy deísta, no me limito a creer en la existencia de una entidad divina incognoscible. Más bien soy "teísta", es decir, necesito una representación concreta de esa divinidad. Ahora bien, esa divinidad presente en mí sólo puede ser femenina: es la imagen de la gran madre universal, la que con mucho gusto denomino la "Diosa de los inicios". Así pues, ha de adoptar diversas formas según el momento. En este caso, como desde muy pronto me interesé por las novelas de la "Mesa redonda", no pude evitar sentirme fascinado por el personaje del hada Morgana. Con el paso de los años se convirtió en mi heroína favorita, una especie de objeto de meditación y concentración capaz de cristalizar mis fantasmas, de ser el receptáculo de todas mis proyecciones. Según el relato del siglo XIII, Morgana era «la más ardiente y lujuriosa de todas las mujeres de Bretaña». Cosa que no me disgustaba. En efecto, Morgana es la encarnación mitológica fundamental de la mujer libre y sensual, inteligente, dotada de todos los conocimientos exotéricos o esotéricos, maga, profetisa, multiforme, etc. Es la belleza y la feminidad en toda su plenitud.

Cuéntenos esa historia de amor entre Morgana y su femenino...

Es una larga historia de amor que se extiende a lo largo de toda mi vida y cuyas etapas han estado marcadas por las mujeres que he conocido, las que he amado o he creído amar. Cuando era joven no era Morgana sino Isolda, la esposa del rey Marcos de Cornualles, quien me obsesionaba. Por lo tanto, me sentía como Tristán. Curiosamente, sin saberlo practiqué una ascesis análoga a la del tantrismo oriental (¡además, estaba el juego de palabras entre Tristán y tantrismo!). No conozco nada de las doctrinas hinduistas o budistas ni deseo conocerlas, pues ya tengo bastante trabajo con el Occidente septentrional. No se trata de desprecio o rechazo, es la constatación de que es inútil buscar en otra parte lo que existe a nuestro lado. Dicho esto, he de confesar que he sido tántrico sin saberlo. Me di cuenta de que no era nada sin Isolda, que Isolda era la "Mujer-Sol" cuyos rayos otorgaban fuerza y poder al Hombre-Luna que era Tristán. Esto es contrario a la opinión común que establece que la mujer no es nada si no depende de un "tipo" que le dé su nombre y su estado civil; en otras palabras, su personalidad.

No obstante, mi experiencia personal me ha demostrado lo contrario: yo no existía en tanto no me reconociera una mujer. He de decir que, tras ser abandonado por mi madre, me crió mi abuela. Para mí ese abandono constituyó una herida: no fui reconocido como persona por mi madre y no he descansado hasta encontrar "una madre" que me reconozca. No sabría dar a entender a otros esta experiencia puramente personal, pero da qué pensar. Era necesario que compensara esa carencia de una presencia femenina joven y deseable (todo chico ha de estar enamorado de su madre) mediante una proyección imaginaria de esa feminidad. Y a través de Isolda, la inaccesible, llegué a Lancelot, el hermoso y viril caballero que nada puede sin el amor de Ginebra, como esposa del rey Arturo, también inaccesible.

Pero pronto Lancelot me pareció soso, e incluso estúpido, como Tristán, e incapaz de encontrar la totalidad en sí mismo. Ambos se limitaban a ser "tipos". Era preciso que accediera a lo "dual", a un tiempo hombre y mujer, para sentir cómo al fin se realizaba mi personalidad. Por ello llegué a asimilarme a Merlín, el hijo de un demonio y una santa, el ser doble por excelencia, que en todos los relatos no sólo inicia a la futura hada Viviana, sino que también es la conciencia de Morgana. La leyenda cuenta que Merlín se enamoró de Viviana y que ésta encerró al mago en una torre de aire invisible. Además, es una hermosa historia que demuestra la importancia de la mujer respecto al hombre. Pero las relaciones entre Morgana y Merlín son aún más ambiguas e ilustrativas. Morgana es la mujer total. Y al concentrar toda mi atención sobre ella, la suprema señora de la isla de Avalón, capaz de mudar su apariencia en un pájaro negro, acabé confesándome que adoraba a las mujeres.

¿Qué quiere decir cuando afirma que adora a las mujeres?
Cada mujer representa un aspecto de la feminidad. Ello se
debe a la historia de las formas del pensamiento, que ha hecho
que los hombres dividan a la mujer en sus diversas funciones
para poder dominarla y negarle la plenitud. He querido recuperar esa plenitud penetrando cada vez más íntimamente en
el significado del mito. No me ha atraído simplemente la belleza exterior de las mujeres, sino todo lo que en ellas hay de
misterioso y sagrado. Son las herederas de la Diosa de los inicios, ocultada por siglos de represiones. Por ello también me
adherí a otro personaje mitológico, la princesa Dahud, cuyo
nombre significa "bondadosa hechicera", heroína de la célebre leyenda bretona de la ciudad de Is. La ciudad de Is
estaba construida por debajo del nivel del mar y protegida
por un robusto dique que tenía una serie de esclusas cuyas
llaves poseía el rey Gradlon, padre de Dahud. La princesa
Dahud y los habitantes de Is no querían "convertirse", es
decir, renunciar a su sociedad ginecocrática; fueron maldeci-
dos y entregados al Diablo. Éste seduce a Dahud, roba las llaves de Gradlon, abre las esclusas y las olas sepultan la ciudad
maldita de la princesa. Pero ella sobrevive nadando en las
aguas bajo la forma de una sirena, y un dicho bretón afirma
que «cuando resurja la ciudad de Is, París será engullido»,
simplemente porque París representa la sociedad patriarcal
que ha rechazado en el inconsciente a la sociedad ginecocrá-
crática, feminista, representada por Dahud y la ciudad de Is.

Sin embargo, en la lucha que enfrenta a hombres y mujeres no ha de haber vencedores ni vencidos, sino una toma de
conciencia. Todo hombre ha de hacer resurgir la parte femenina que hay en él. Es la enseñanza que extraigo de esta leyenda, una enseñanza profunda que no tiene nada que ver con la
interpretación moralizante que normalmente se le atribuye.
De este modo, la polaridad en otro tiempo invertida recu-
perará su naturaleza profunda. En lengua bretona, el mar se de-

signa como *armor*, en masculino. El mar es la masculinidad
que sepulta la ciudad de Is. Además, en todas las lenguas célticas (y germánicas), el sol pertenece al género femenino.
De ahí mi culto a la Mujer-Sol, la interpretación que infiero a
partir de mitos y leyendas, y mi empeño en hacer resurgir el
componente femenino en la aventura humana, cuyos mitos
son los esquemas rectores.

*Usted dice: «En un momento de mi vida estaba más unido
a Tristán y quería amar a Isolda. Tristán no es un seductor.
Tristán es la esencia del romanticismo, del acto de enamo-
rarse. No es en absoluto machista. Tampoco cae en la ambi-
güedad: entre la espada y el arpa, escoge el arpa. Ha elegido
ser el poeta enamorado...». ¿Qué quiere decir esto en la realidad de su vida?*

Cuando se es joven, se posee un fondo de romanticismo
exacerbado, pero ignoramos lo que esto significa. Cuando me
di cuenta de que Tristán era un imbécil, dejó de interesarme.
En efecto, ese gran santo ni siquiera es viril. Isolda, que está
notablemente enamorada de él, lo salva una primera vez. Él no
responde a su acercamiento. Isolda, cada vez más enamorada,
lo salva por segunda vez, y él si siquiera se da cuenta. Peor
aún, la entrega a su tío Marcos, como si fuera despreciable.
Tristán es, si no impotente, al menos completamente "virgen",
en el sentido más despectivo del término. Sólo descubrirá
su virilidad después del episodio del filtro (vertido a propósito en el brebaje que comparten Tristán e Isolda). Pero el
prototipo irlandés de la leyenda, la historia de Diarmaid y
Grainné, nos da a comprender que la heroína se hace amar
obligatoriamente por el héroe. Y la heroína se llama Grainné,
nombre derivado del término gaélico *grian*, que significa
"sol". El mito es revelador; sólo la mujer puede despertar al
hombre.

¿Cuál es la naturaleza de su relación con los mitos? ¿Sentía un vacío en su existencia y se dijo «Bueno, sumergiéndome en los mitos podré subsanar este vacío...», o su vida íntima y relacional estaba ya imbuida de esa sensibilidad que encontramos en los mitos y ello pasó a ser un reconocimiento, un efecto espejo?

Los mitos me han permitido formular lo que sentía en mi interior y no podía explicar racionalmente, mediante un discurso lógico. Me han permitido transmitir un discurso poético empleando personajes que aparentemente eran ajenos a mí, pero que se encuentran en el fondo de mi ser. Es una exteriorización de mi verdadera naturaleza. Es muy extraño. Se trata de una experiencia individual que es casi más importante que la obra finalizada. No creo que sean los mitos los que han desencadenado esta concienciación respecto a la feminidad, pero me han permitido vivir lo que aún se ocultaba en mi inconsciente.

¿Cómo concienciar y hacer que se desarrollen los valores femeninos en el ámbito colectivo? Más allá de su experiencia con los mitos, ¿cree que pueden ser un medio para implantar en las conciencias el germen de lo "femenino"?

Sí, hay que resucitar los mitos. Reencarnarlos. Por eso he reescrito el ciclo del Grial con un estilo actual. Y soy consciente de que ejerce un gran impacto en los jóvenes. En un primer momento se apasionan por la historia, pero progresivamente se identifican con los personajes y encuentran trazos de la sensibilidad que he puesto en ellos. Tengo la persistente voluntad de transmitir no elementos racionales, sino elementos sensibles, de modo que los lectores puedan emocionarse con una determinada situación.

He recibido muchas opiniones de lectores. Hay algunos que, como yo, observan cómo su sensibilidad femenina despierta y se hace más profunda; para otros, ese universo les era completamente desconocido y tal vez puedan descubrirlo. Por su naturaleza, los jóvenes (esto puede aplicarse a cualquier época) tienen una gran facilidad para vivir los mitos, para encarnarlos a través de héroes. Insistir en el significado de estos mitos, en la importancia de los héroes, es abrir un camino hacia una reparación que puede ser esencial para la evolución de nuestra sociedad, que, lo queramos o no, se edifica sobre los mitos, aunque sus miembros no sean conscientes de ello. Esta oscilación es el resultado de siglos de oscurantismo, esto es, del rechazo de los antiguos valores, combatidos por los celadores de la religión masculina. Recordemos las luchas perennes descritas en la Biblia hebraica entre el culto masculino a Yahvé y los cultos femeninos de la Diosa-Madre, considerados como "prostitución". Nuestra sociedad judeocristiana, aun laica, vive en la misma opinión. Es hora de pasar página y procurar que los antiguos mitos emerjan a la superficie de las aguas.

¿Cuáles son los aspectos de lo femenino a los que aún aspira? ¿Siente alguna carencia?

He dicho que he practicado la ascesis tántrica sin saberlo, pero esta ascesis es larga: el resultado nunca es inmediato. Se trata de una serie de etapas que hay que franquear y que simbolizo a propósito mediante la búsqueda del Grial. Según la descripción de Chrétien de Troyes, este Grial misterioso, del que emana una luz deslumbrante, lo sostiene una joven de gran belleza. Por lo tanto, el Grial es lo femenino –tanto interior como exterior– y la búsqueda del Grial es esa ascesis permanente. Hay que despertar la propia energía femenina: en mi experiencia individual, intelectual, psicológica y sensual, es un paciente recorrido hacia una totalidad que no alcanzaré jamás. Siempre habrá una carencia. Sin embargo, he llegado a un punto en que la unión con lo femenino supera el marco individual y desemboca en la conciencia universal. Empezamos por ser uno ante el otro, luego uno contra el otro, en el asedio. Si continuamos la experiencia, nos insinuamos en el otro, y el otro somos nosotros, lo que realiza la unión mística con la energía cósmica o divina que anima toda vida. Alcanzamos el objetivo perseguido. Pero yo soy como un caballero que ha contemplado la luz que emana del Grial, una forma femenina en la que convergen todas mis miradas. ¿Me atreveré a ahogarme al fin en esa luz?

Porque esa luz es un abismo absorbente ante el que no podemos sentir sino vértigo: es el reino de la *Pistis Sophia* de los gnósticos, el universo finalmente reconciliado consigo mismo, el amor universal de los seres y las cosas. ¿Hay algo más atractivo y espantoso?

17. LO FEMENINO EN LA RUEDA DE LA MEDICINA

Maud Séjournant

Presentamos una profunda reflexión acerca de las técnicas psicológicas de los indios de América del Norte que les permitían restaurar el equilibrio del ser, tan a menudo comprometido por la contaminación física y psíquica. En efecto, ¿por qué no escuchar las voces de los ancianos primitivos que saben edificar una ciencia del ser a la medida de su vasto horizonte?

El día en que mi mentor indio me enseñó la primera ley cósmica: «Todo deriva de lo femenino», sin duda pensó que tenía un problema de audición, pues le hice repetir la frase muchas veces. Para mí, francesa de tradición católica, a la que le habían inculcado que Dios Padre había extraído una costilla de Adán para crear a la mujer, esa afirmación de la creación a partir de lo femenino sacudía violentamente mi universo.

La Rueda amerindia de la medicina

Entonces empecé mi aprendizaje de la "Rueda de la medicina", cosmología amerindia basada en el círculo. Esta Rueda presenta enseñanzas amerindias ancestrales de los cuatro puntos cardinales (norte, sur, este, oeste) y del eje vertical que comprende la Madre-tierra bajo nuestros pies y el Padre-sol sobre nuestras cabezas. Esta Rueda de la medicina es en realidad la suma de muchas ruedas que se superponen, semejante a ese juego infantil en el que muchos discos de colores se apilan unos sobre otros. Entre ellos, la Rueda de los escudos nos hace descubrir nuestra niña o niño interior, nos muestra cómo se organizan nuestras polaridades adultas masculinas y femeninas y nos enseña a expresarlas en nuestra vida diaria. Este modelo indio me descubrió el poder de lo femenino tal como lo viven las mujeres indias.

En efecto, el respeto a lo femenino permanece completamente vivo en la cultura de los indios, pueblo del sudoeste de Estados Unidos, una de las escasas tribus que no fue desplazada durante las invasiones de los colonos europeos debido a que era sedentaria y vivía en casas de adobe. Así, antes de adoptar una decisión relevante, el consejo de la aldea, constituido por hombres, somete su resolución a la *soyah*, una mujer de edad avanzada también llamada "mujer sabia". Ésta sopesa la decisión en función del segundo principio que vertebra la vida india: «No harás nada que pueda causar dolor a los hijos hasta la séptima generación». Su opinión se seguirá escrupulosamente, y el consejo sólo adoptará una decisión tras su consentimiento final.

De este modo un grupo de mujeres indias de los alrededores de Santa Fe se opusieron al patrocinio de su festividad anual por una marca de cerveza. Prefirieron conformarse con un presupuesto reducido antes que introducir libremente el alcohol en su reserva, con los eventuales problemas para sus hijos.

La Morada de las lunas

La enseñanza que recibí en la "Morada de las lunas" junto a mujeres de diversos orígenes –pueblo, siux, cheroquee, semínola, tolteca, ayni– me dio a conocer tradiciones que también existían en la Europa de los celtas, pero que hemos perdido con el paso de los años.

Con cada luna nueva, y a veces con luna llena, nuestra Morada de las lunas se reunía para honrar la vida y celebrar la estación en que estábamos dando las gracias a las fuerzas específicas que se manifiestan en cada época. Más allá del tiempo lineal, tecnológico y abstracto, volví a descubrir el ritmo cíclico de la naturaleza que se manifiesta en las estaciones, en los diversos momentos del día, en las fases lunares y solares.

En mi aprendizaje del poder de los cuatro puntos cardinales aprendí a entrar en contacto con la energía del oso que reside en el punto cardinal del oeste, porque nos habla de lo femenino. El oso se retira a su cueva en el corazón de la Madre-Tierra cuando se dispone a hibernar; nos enseña que sólo penetrando en lo más profundo de nuestro ser encontraremos nuestra voz interior. Ahí aprendemos a escuchar la voz de la tierra, a tener confianza en nuestra intuición, y advertimos quiénes somos en tanto hombres y mujeres. Es fundamental, nos muestra el poder del oeste, de pasar por la etapa del descubrimiento de uno mismo y de no creer a pies juntillas en el rol frecuentemente rígido y convencional con el que, desde que salimos de la infancia, nos define la sociedad.

Entonces me di cuenta de que la mayoría de la gente trata de entrar en el rol preestablecido de hombre o mujer sin haber tenido indicación alguna respecto a lo que son realmente:

no hemos tenido ritos de paso como los que aún se practican en las sociedades tradicionales, ritos que forjan una transición a la conciencia del adulto por venir; no sólo seguimos siendo niños, sino que estamos profundamente influidos por un modelo social con predominio patriarcal. Necesité varios años para asumir realmente esa conciencia cíclica y mantener una relación personal con los ciclos de la Tierra, los ciclos lunares, los ciclos de creación; por ejemplo, mediante el aspecto concreto que representa la gestación y el alumbramiento de un hijo. Pues lo femenino no se aprende a través de los libros ni los roles, sino de hecho a través de la experiencia del cuerpo y la apertura del corazón.

Una iniciación a la francesa

Las mujeres tienen la oportunidad de vivir en su cuerpo ese ritmo natural en armonía con el de la luna. Además, en el lenguaje indio no se dice "tener la regla" sino "estar en sus lunas", lo que inscribe el flujo menstrual en un marco natural y cósmico. También se dice que en el momento de sus lunas las mujeres adquieren su máximo poder, pues entonces entran en contacto físico profundo con su naturaleza femenina. Los sueños que tengan en ese período son especialmente atendidos y estudiados. Los inconvenientes o enfermedades físicas se consideran "cambios de estado" que no necesariamente hay que vivir en el dolor, sino más bien al contrario, como la manifestación del poder creador femenino. En nuestra sociedad, si la joven no ha recibido una iniciación, muy a menudo considerará este acontecimiento cíclico y potencialmente creador como un inconveniente, casi un castigo.

Ahora bien, esa iniciación puede tener lugar, de una manera muy sencilla, en el contexto de nuestra cultura. De este modo, Natalie me contó que el día de sus primeras lunas fue un domingo en el que su familia se disponía a visitar a los abuelos. Su madre, que acababa de recibir la noticia de su hija, abrió una botella de champán "en honor de Natalie", sin aducir más detalles. Esto bastó para introducir a la joven en el mundo de los adultos, y esa celebración familiar le proporcionó una imagen positiva de su nuevo estado.

La mujer sabia

Por otra parte, cuando este ritmo se interrumpe, cuando tiene lugar la menopausia, a la mujer india no se la considera inútil ni en la decadencia del envejecimiento; al contrario, alcanza un nuevo estatus honorable, ingresa en una nueva fertilidad: la de la mujer sabia. Es la edad en la que podrá convertirse, si ésa es su vocación, en *medicine-woman*, puesto que ya no tiene que ocuparse de los niños. Puede obtener su sabiduría de la larga experiencia de mujer inscrita en su cuerpo. En él reside la esencia de la sabiduría femenina. Representa a un poder concreto porque es la portavoz de la Madre-tierra y de sus hijos. También es la voz de la sabiduría del espíritu. Ella es, pues, quien tendrá la última palabra en las decisiones que comprometan el futuro del clan.

Después de haber pasado por el círculo de la infancia en el sur, y más tarde por el de la mujer en el oeste, la mujer inicia su camino hacia su "tercer círculo" en el norte de la Rueda de la vida, donde podrá difundir el conocimiento que ha asimilado, a través de sus múltiples experiencias memorizadas en su organismo, su corazón y su espíritu.

Los hombres también necesitan de lo femenino

Lo femenino se aprende a partir de la conciencia del cuerpo. Por eso la mayoría de ritos iniciáticos de los jóvenes implican sacrificios o pruebas físicas variadas: para hacerles sentir su cuerpo y que entablen relación con su voz interior. En efecto, los hombres también han de ser iniciados en su naturaleza femenina; en ciertas tribus, el joven que empieza su iniciación como hombre es invitado a la Morada de las lunas en la que las mujeres celebran sus reuniones. Ellas lo inician en lo femenino, a fin de que se manifieste en él y en todos los aspectos de su vida.

Es esencial que los hombres realicen esta parte femenina en su interior. Si la generación actual está más familiarizada con la idea de un equilibrio interno entre los valores femeninos y masculinos, algunas personas mayores se muestran desconcertadas ante la idea de tener una parte femenina. Recuerdo a un hombre de unos sesenta años que me contó un sueño que tenía regularmente: los hombres de la ley le pedían explicaciones a propósito del cadáver de una mujer que había enterrado en el jardín de su madre. Entonces le expliqué que todos tenemos una parte masculina y una parte femenina y que sería interesante que tuviera en cuenta esta perspectiva. Me miró con aspecto turbado e inquisidor, diciéndome: «¿Qué tonterías son esas?», y cambió rápidamente de tema.

De hecho, expresaba a la perfección el desequilibrio en que vivimos en la actualidad, y del que los indios hopis quieren advertirnos: ya no reconocemos ni honramos bastante a lo femenino en nosotros y la naturaleza. Los problemas medioambientales que padecemos en el presente, dicen, manifiestan esta crisis.

La paradoja del poder femenino

Por lo tanto, compete a las mujeres volver a introducir la energía propiamente femenina en nuestra sociedad, en nuestro contexto familiar, profesional, social y político. Pero el problema es que a menudo las propias mujeres han perdido el contacto con su naturaleza femenina profunda. Ya no saben sentirse Tierra, le han concedido demasiado valor al intelecto, demasiado apreciado en nuestra sociedad, y ya no saben confiar en su intuición buscando el modo de abrir espacios para su sentimiento natural de ternura y compasión.

Esto puede propiciar dos estrategias extremas y opuestas: de un lado tenemos a Catherine, directora de un banco que ha logrado su puesto trabajando "como los hombres", según dice; pretende confirmar su estatus directivo obstaculizando el camino a las otras mujeres, aun abortando la promoción de una subordinada. Ha olvidado el sentido de la solidaridad. En el extremo opuesto, Bernadette se deja manipular, pisotear, y se considera una víctima. Su creencia en la impotencia del sexo "débil" no la ayuda a cambiar su situación. Se identifica con su hijo herido y no sabe hallar su potencial personal. Ni una ni otra están en contacto con su mujer interior: la primera ha copiado el modelo masculino y quiere demostrar su superioridad siendo la única mujer en un puesto jerárquico relevante, y la segunda aún no comprende la fuerza que puede representar el respeto a la dimensión femenina en su interior.

La paradoja que me ha tocado vivir con la Rueda de los escudos es la siguiente: sólo llegando al fondo de su verdadera naturaleza femenina y respetándola por completo, las mujeres pueden acceder realmente a su potencia de mujer. Sólo comprendiendo su relación profunda con la naturaleza y la Tierra encontrarán la energía, la verdadera actitud para asentar esa fuerza. Así, Rigoberta Menchu, humilde india de América del Sur, halló el valor para convertirse en portavoz de millones de oprimidos. Fue honrada con el premio Nobel. Tomó el camino del "guerrero de la paz", con el deseo de restaurar la paz y la armonía y atreviéndose a afirmar y defender las leyes cósmicas de los indios: respeto a lo femenino, a la naturaleza y a las generaciones venideras.

Las mujeres como hermanas

La energía femenina no está interesada en el dominio y la rivalidad, sino que se encuentra naturalmente a gusto en la participación comunitaria y el espíritu solidario, de equipo, podemos decir incluso fraterno (por lo demás, me parece interesante que en francés no exista una palabra que quiera decir "sororidad").

En Francia trabajo con grupos sobre el tema de la potencia personal femenina, basándome en la tradición de la Morada de las lunas. Al principio he encontrado vacilación y a veces incluso rechazo («¡Cómo! ¿Vamos a hacer un grupo entre nosotras, sin hombres? ¡No será divertido!»); sin embargo, las participantes pronto recuperan el placer de esa intimidad puramente femenina; advierten con una gran alegría que, si se sienten fuertes, pueden seguir siendo ellas mismas en el corazón de su naturaleza femenina. Al mismo tiempo, descubren que entre ellas puede establecerse un profundo vínculo, sin rivalidad, y que pueden vivir una relación de hermanas. Aprenden a comunicarse de nuevo derribando las defensas tan duramente creadas, los roles que la sociedad les ha obligado a desempeñar; aprenden a vivir con sus emociones, con su amor a flor de piel, su confianza en el otro y sobre todo en ellas mismas. Necesitan a las demás mujeres como espejo. Siempre las aliento a encontrar modelos de mujeres con las que identificarse, ya sean reales, heroínas de libros o películas o aun extraídas de la mitología. Fortalecidas por esa nueva experiencia de sí mismas, podrán establecer una relación de participación con los hombres en un plano de igualdad y dar a entender sus perspectivas arraigadas en el respeto a lo femenino, como saben hacer sus hermanas indias.

En los grupos mixtos, cuando estudiamos la Rueda de la medicina y nos detenemos en el oeste para explorar la dimensión de lo femenino, ofrezco a los hombres presentes, si así lo desean, que adquieran un nombre de mujer y vivan un día con una identidad femenina que podrán explorar bajo todas las formas que les resulten convenientes.

Siempre me sorprende comprobar el entusiasmo con el que aprovechan la ocasión de vivir esa parte de sí mismos que rara vez encuentra su momento, el tiempo y el lugar para expresarse. Por su parte, las mujeres están encantadas e integran a los hombres en su grupo de un modo nuevo; tienen el privilegio de mantener una relación de hermana a hermana con un hombre: no se sienten amenazadas, dejan de desempeñar el rol de seductora para asumir el de iniciadora.

Las relaciones cambian, y cuando los hombres vuelven a su rol, todos sin excepción afirman hasta qué punto aprecian más el aspecto femenino; algunos han comprobado el placer de vestir nuevos colores, de armonizarlos, de sentir más intensamente su cuerpo, de mantener una relación con las mujeres, en otro plano. Han descubierto una nueva imagen de la mujer a través de su propia experiencia.

La divinidad femenina

Si "todo deriva de lo femenino", esto nos lleva a buscar el origen de la creación. La dimensión divina es entonces de esencia femenina. Encontrar el respeto y la integración de esas fuerzas femeninas a través de una espiritualidad vivida a diario se revela en lo que nuestros amigos hopis nos animan a vivir. En el emocionante mensaje que dirigieron a las Naciones Unidas en un vídeo,[7] nos dicen que el mundo necesita recuperar el equilibrio y la paz, y nos muestran lo que vaticinan sus predicciones si no lo hacemos a tiempo.

Sólo forjaremos la paz volviendo a los valores de lo femenino, hombres y mujeres juntos.

---

7. Véase la versión francesa de ese hermoso vídeo de veintisiete minutos grabado en los *mesas* del país hopi, en el corazón de Arizona.

18. MIRIAM DE MAGDALA, EL EVANGELIO EN FEMENINO

Jean-Yves Leloup

El Evangelio de María es un evangelio apócrifo que nos muestra cómo Maria Magdalena, la pecadora, recibe, como confidente de Cristo, verdades que éste no transmitió a los hombres que lo seguían, ¡acaso porque eran demasiado masculinos para comprender! Aquella a quien puede considerarse la fundadora del cristianismo, pues la resurrección se basa en su testimonio, nos ofrece así una versión diferente del magisterio de Jesús.

Entre todos los Evangelios escritos o atribuidos a hombres, hay uno que se atribuye a una mujer. Esta mujer es Miriam de Magdala, la que, según los otros discípulos, "vio" al Maestro resucitado (Juan, 20, 18). Raros son los escritos cristianos de los primeros siglos que no mencionan a este personaje, a veces magnificado, otras empequeñecido. Breve y simplemente, podemos decir, con el Evangelio según san Juan, que "el Maestro la amó" (Juan, 11, 5). Como amó a su hermana Marta, a su hermano Lázaro y a los otros hombres y mujeres que le seguían, incluido Judas.

La pareja interior

Yeshoua no amaba "más" a Juan o a Pedro que a Judas, sino de otro modo. Los amaba a todos con un amor universal e incondicional, pero también amaba a cada cual de una manera única y especial. El Evangelio según Felipe insistirá en este aspecto "especial" de su relación con Miriam de Magdala. Para este Evangelio, Miriam es la compañera de Yeshoua (*Koinonos*).[8]

Podemos amar "divinamente" a todos los seres e incluso a nuestros enemigos según el ejemplo propuesto por Yeshoua; el amor humano está hecho de preferencias, es decir, de afinidades, resonancias, intimidades que no son posibles con todos: «El Señor amaba a María más que a todos los discípulos, y a menudo la besaba en la boca. Los otros discípulos lo vieron amando a María y le preguntaron: "¿Por qué la amas más que a todos nosotros?". El Salvador respondió y dijo: "¿Cómo es eso de que no os amo tanto como a ella?".»[9]

Estas pocas líneas pueden desconcertar a aquellos que ignoran los textos fundacionales del cristianismo. Aquí no se trata en absoluto de entrar en la polémica que afirma que Jesús tenía que estar "obligatoriamente" casado puesto que enseñaba en las sinagogas y en la tradición judía un hombre soltero, considerado como incompleto y desobediente a los mandamientos de Dios, no podía enseñar en ellas; con mayor razón, no podía ser sacerdote y entrar en los lugares más sagrados del Templo.[10] Ante esto se replica que Yeshoua frecuentaba a su primo Juan Bautista y a los esenios, y sabemos, según los manuscritos "del mar Muerto" (no confundir con los de Nag Hamadi), hallados en Qumran, que los esenios no sólo no se casaban sino que repudiaban a «las mujeres, los pecadores y

8. Véase el Evangelio de Felipe (CII, 59. 9).
9. Véase el Evangelio de Felipe (63, 34-64, 5), traducción de J.E. Ménard.
10. Simon Ben Schorin, *Mon frère Jésus*, éd. du Seuil. A. Abecassis; Josy Eisenberg, *À Bible ouverte*, Albin Michel.

los tullidos».[11] Si nos atenemos a los Evangelios conocidos, nada nos dice que Jesús se "casara" (en el sentido en que lo entendemos hoy), pero es evidente que amaba a "las mujeres, los pecadores y los tullidos", lo que escandalizaría no sólo a los esenios sino también a los fariseos, los saduceos, los celotes y a las otras "sectas" de la época.

La cuestión no es saber si Yeshoua estaba o no casado (al menos una vez, tal y como nosotros lo entendemos), ¿qué interés puede haber en ello?, sino en saber si era realmente humano, con una humanidad sexuada, normal, capaz de intimidad y elección. Según el adagio de los antiguos: «Lo que no puede asumirse no puede ser salvado». Si Yeshoua, considerado como el Mesías, como Cristo (*Christos*, traducción griega del hebreo *Messiah*), no asume la sexualidad, ésta no puede redimirse; ya no es un Salvador en el pleno sentido del término, y lo que se instala en el cristianismo no es una lógica de vida sino de muerte, especialmente en el cristianismo romano occidental. Si Cristo no ha asumido su sexualidad, ésta no puede "ser salvada"; la sexualidad es mala; asumir la propia sexualidad puede ser degradante y volvernos "culpables". Lastrada con la culpa, la sexualidad puede llegar a ser peligrosa, incluso puede hacernos enfermar realmente…

De este modo, el instrumento co-creador de la vida, que nos hacía existir "en relación", "a imagen y semejanza de Dios", se convierte lógicamente en un instrumento de muerte. Nosotros en Occidente, a través de nuestras culpas inconscientes y colectivas, ¿estaremos a punto de sufrir las consecuencias de semejante lógica?

---

11. Flavio José, *Histoire des juifs*.

La intimidad esencial

El Evangelio de María, como los Evangelios de Juan y de Felipe, nos recuerda que Jesús era capaz de intimidad con una mujer. Esta intimidad no sólo era carnal, también era afectiva, intelectual y espiritual; se trata de salvar, es decir, de liberar al ser humano en su integridad, y ello introduciendo el amor y la conciencia en todas las dimensiones de su ser. El Evangelio de María, recordando el realismo de la humanidad de Yeshoua en su dimensión sexuada, no resta veracidad a su dimensión espiritual, "neumática" o divina.

Marcos y Mateo prefieren hablar de sus lágrimas ante Jerusalén, de su angustia o de sus dudas frente a la muerte: «Padre, ¿por qué me has abandonado? Si es posible, aleja de mí este cáliz». Nos recuerdan la humanidad de Jesús; Dios se revela a través de esta humanidad.

El Evangelio de María, como los otros Evangelios, nos invita a que seamos libres respecto a nuestras dualidades, que nos desgarran y estigmatizan. No se trata de negar el cuerpo o la materia sino, a partir de nuestra no apropiación y no identificación con esos planos de lo real, santificarlos, transfigurarlos y, como Miriam de Magdala después de su "bienamado", aprender, merced a la imaginación creadora, a introducir amor donde no lo hay, allí donde ya no existe debido a nuestra inteligencia y nuestro deseo "reprimido", "lastrado" o "estancado"…

Como en Caná, si deseamos que se celebren las bodas hemos de imaginar la ignorancia recíproca transformada, mediante la palabra inesperada, en una amistad más dulce y "mejor" que la pasión de los inicios; el agua gris de lo cotidiano realmente embriagada y tornada en vino.

El espacio de la Resurrección

Hemos de vivir el sueño enamorado y lúcido de Magdalena: la muerte "superada" y "vencida", al fin "comprendida" en el espacio de la Resurrección. Miriam de Magdala no sólo es una mujer, es una mujer que ha accedido al "conocimiento", e indudablemente en este sentido fue considerada, en la época de Yeshoua, como "pecadora"; no se resigna a las leyes de una sociedad en la que el conocimiento es "cosa de hombres" y las mujeres no tienen derecho a estudiar los secretos de la Torá, ni examinar la cifras claras o veladas que encierran sus letras cuadradas.

Los discursos que dirige a los discípulos tan sólo pueden irritarlos: ¿quién se ha creído que es? No basta con ser amada por el Maestro, también hay que apropiarse de sus enseñanzas y jugar a los "iniciados"; incluso adopta las palabras de Yeshoua cuando éste se enfrentaba a inteligencias "sin formar", más o menos limitadas y que tomaban por real cuanto aparece en el atrofiado campo de su percepción: «Quien pueda comprender que lo haga», «¡Aquel que tenga oídos que oiga!».

Más importante que estas palabras irritantes que recuerdan a los discípulos los límites de su comprensión, el Evangelio de María ofrece otra modalidad de conocimiento, distinta a la que generalmente accede el espíritu masculino. Es un conocimiento de tipo profético o visionario, que no es propio de las mujeres pero que por supuesto pertenece a la dimensión femenina angélica u "oriental" del conocimiento humano.

Al Maestro le preguntan a este respecto. ¿Cuál es el órgano de la visión? ¿Con qué "ojos" puede Miriam de Magdala contemplar al Resucitado? Las respuestas del Maestro son claras: el Resucitado no es visible con los ojos de la carne, ni con los de la psique (alma) en el sentido ordinario del término; no

es una alucinación, ni un fantasma ligado a ciertas excitacio-
nes sensibles, psíquicas o mentales; tampoco se trata de una
visión "neumática" o espiritual. Según el Evangelio de María, se trata de una visión del *nous*, dimensión frecuentemente
olvidada por nuestra antropología. Los antiguos consideraban
el *nous* como el "fino extremo del alma" –hoy diríamos
"el ángel del alma"–; franquea el acceso a ese mundo intermedio, ni enteramente sensible ni enteramente inteligible: "el
imaginal" del que Henry Corbin habla con precisión.[12] Podemos afirmar con él que en el Evangelio de María no se nos
confina al dilema del pensamiento y la extensión (Descartes), o al esquema de una cosmología y una gnoseología limitadas al mundo empírico y al mundo del entendimiento
abstracto. Entre ambos se sitúa un mundo intermedio, mundo de la imagen o de la representación, un mundo ontológi-
camente tan real como el mundo de los sentidos o el del intelecto; un mundo que requiere una facultad de percepción
adecuada, que incluya una función cognitiva y un valor noé-
tico tan reales de pleno derecho como los de la percepción
sensible o la intuición intelectual: «Esta facultad es la potencia imaginativa, precisamente la que hemos de evitar confundir con la imaginación, que el supuesto hombre "moderno"
identifica con la fantasía que, según él, sólo segrega el imaginario».

Cuando Renan dice: «Todo el cristianismo nació de una
mujer», sin duda se equivoca, pues atribuye a la palabra "imaginación" un sentido despectivo, más o menos como sinóni-
mo de facultad de ilusión; en efecto, de acuerdo con los pre-
supuestos antropológicos que condicionan su pensamiento,
Renan ignora todo lo que derive de las categorías relativas a
la imaginación creadora, a partir de la que se han elaborado
tanto los textos antiguos como las escrituras sagradas.

---

12. Henry Corbin, *Corps spirituel et Terre céleste*, Buchet-Chastel.

Si Dios está vivo, quiere comunicarse; por lo tanto, será necesaria una mediación entre Dios y lo humano, lo visible y lo invisible, el mundo de los cuerpos materiales y el mundo de los espíritus inmateriales. Los encuentros de Miriam con el Resucitado se sitúan en ese mundo imaginal intermedio. Tanto en ella como en los antiguos profetas, Dios activa, en la imaginación visionaria, las formas necesarias para llegar hasta Él; en este sentido, el cristianismo "ha nacido de la imaginación de una mujer": «Señor, hoy te he visto en una aparición». Él respondió: «Bienaventurada, tú que no te turbas ante mi visión» (Evangelio según san Mateo, 10, 12-15).

Aquí ya no nos encontramos ante una metafísica del sujeto opuesta a una metafísica del objeto (no hay objeto sin sujeto que lo conciba y represente, no hay sujeto que no constituya una "reacción" a un objeto o ambiente percibido como "otro" u exterior).

Aquí encontramos una "metafísica de la apertura", lugar de encuentro, de enfrentamiento o alianza del sujeto y del objeto contemplados en su mutua dependencia. La realidad no es objetiva ni subjetiva, es ese "tercero acogedor" en el que los dos se convierten en Uno, "imaginalmente".[13]

Un campo inexplorado

Aquí hay todo un campo inexplorado por las filosofías contemporáneas, que todavía oscilan entre las metafísicas del ser (Heidegger) y las metafísicas de la alteridad (Lévinas). La tarea del próximo siglo consistirá sin duda en dar forma a este pensamiento de la apertura o del "entre-dos": aquello que no se ha pensado ya no se buscará en los griegos o en los semitas, sino en esa "síntesis orientada" y rechazada tanto por unos

---

13. Véase el Evangelio de Tomás.

como por otros y que salió a la luz en los textos del primer cristianismo. La renovación del pensamiento en las fuentes de los escritos neotestamentarios pasará por una rehabilitación de la imaginación creadora. «Porque la imaginación creadora no se llama así metafóricamente, o de un modo figurado, sino en su pleno sentido: la imaginación creada es la propia creación universal. Toda realidad es imaginaria porque puede presentarse como una realidad. Hablar del mundo imaginal no es otra cosa que pergeñar una metafísica del Ser[14] en la que sujeto y objeto nacen juntos del mismo acto creador de la imaginación trascendental».[15]

Más que hablar de "pensamiento creador" tendremos que hablar de "imaginación creadora"; quienes quieren comprender la naturaleza y los acontecimientos del mundo han de aprender a soñar antes que aprender a pensar. El lenguaje de las escrituras sagradas es el de las imágenes y símbolos propios de los sueños antes que el de los conceptos de las ciencias.

El Evangelio de María tratará de despertar en nosotros esa imaginación creadora, no sin encontrar reticencias y objeciones por parte de una filosofía de los sentidos y de la razón, representada por Pedro y Andrés.

Las consecuencias éticas de semejante práctica del deseo y de la imaginación son evidentes y no dejarán de desconcertar al resto de los discípulos de Yeshoua: «El pecado no existe»; somos nosotros quienes con nuestra imaginación perversa no dejamos de crearlo y de inventar leyes para alentarlo. Somos responsables del mundo en que vivimos porque somos nosotros los que lo creamos; nuestra falta de "imaginación iluminada" lo confina al "ser para la muerte" y nos encierra en los límites en los que se detiene nuestra imaginación y nuestro corazón…

---

14. Nosotros diríamos "de la apertura".
15. Christian Jambet, *La logique des orientaux*, Du Seuil.

En Miriam, el "motor" de la imaginación sólo puede ser el deseo y el amor; ella ama a un ser que ha conocido en el mundo sensible, ha visto en él la manifestación del divino Amado; gracias a su imaginación espiritualiza a ese ser alzándolo desde su forma sensible hasta su imagen incorruptible.

Como los discípulos en Thabor, sus ojos se abren a su realidad esencial, al arquetipo al que da forma; su imaginación le confiere una presencia que no puede perder y de la que no puede ausentarse; así crea lo Real amante, que sin cesar la ilumina y acompaña. Esta Realidad no es ilusión, sublimación ni compensación en el sentido psicológico del término: es un despertar a ese mundo intermedio, experiencia y conocimiento en el que Cristo se deja contemplar como "arquetipo de la síntesis" que el alma deseante quiere abrazar: «El amante divino es espíritu sin cuerpo; el amante físico es un cuerpo sin espíritu, el amante espiritual posee cuerpo y espíritu».

La aparición que se manifiesta ante Miriam de Magdala (interior y exteriormente) es espíritu y cuerpo; esto hace de Miriam un *anthropos*, un ser humano completo: la encarnación que responde a la encarnación del Logos común que les da forma. Allí donde dos seres se aman, Dios está presente. Allí donde se encuentran, "el Verbo se hace carne".

19. LAS BEGUINAS Y EL ESPÍRITU FEMENINO DE LOS CONTRARIOS

Nicou Leclercq-Dubois

Entre los múltiples movimientos que se opusieron al sistema patriarcal dominante, nombraremos a las beguinas, que en los siglos XII y XIII supieron insuflar el espíritu de libertad en Flandes, Renania y Baviera. Evidentemente, fueron perseguidas...

Heredera del espíritu de las beguinas del norte, siempre me he sentido diferente de la cultura dominante monopolizadamente patriarcal, jerárquica, dualista y androcrática que nos ha sido impuesta como una verdad absoluta.

Cada individuo posee su propia perspectiva de lo real, su visión del mundo, original, única y diferente. La verdad depende de cada cual.

A menudo pienso que almacenamos la memoria del pasado en el disco duro de nuestro inconsciente. Y que sólo dejamos que aparezca en la pantalla de nuestra conciencia lo que está permitido por la cultura dominante. Inconscientemente tememos que de nuevo nos quemen como a las brujas, al menos simbólicamente. O que se nos prive del pan de cada día si no entramos en el sistema dominante.

Algunos hacen derivar la palabra "beguina" de *albigens, bigens, begijn. Albigeneses*, el Albigense.

¿Cuáles eran las herejías por las que se acosaba a las beguinas?

¿Por qué la Inquisición quemó a aquellos que no abdicaban de su manera de pensar, a quienes no se sometían y se negaban a enclaustrarse en los conventos?

–Formaban parte de los hermanos y hermanas del libre espíritu. Esto resulta insoportable para las castas patriarcales dominantes que ejercen su imperio mediante el pensamiento único y totalitario.

–Pensaban que el amor al poder impide el poder del amor. *Roma* es lo contrario de *amor*. Roma es lo contrario de Jesús.

–Se reunían en círculos o mesas redondas en las que, por turnos, tanto hombres como mujeres compartían la responsabilidad del grupo. Esta responsabilidad implicaba "servicio" y no "privilegio".

–Rechazaban la prelación jerárquica aun aceptando la especificidad. Pero "especificidad" no implica "superioridad". Los dones y talentos eran regalos gratuitos de la vida que había que devolver a la vida y compartir con los demás, pero que no inducían a "meritocracia" alguna, a ningún privilegio ligado al supuesto mérito.

–Afirmaban que la naturaleza era buena y, por tanto, divina. Lo divino es la vida. Y no un papa absoluto escondido en un cielo hipotético que pergeñara un sistema totalitario de pensamiento, con una casta de varones superiores que lo representaría y sería su guardiana privilegiada. La naturaleza humana es, por lo tanto, divina y no perversa, mancillada por el pecado.

Su espiritualidad se maravillaba ante la naturaleza. Las religiones y espiritualidades que estigmatizan la naturaleza y la vida actúan en una pulsión de muerte.

–Su lógica, basada en la vida, en los dos polos reunidos de la naturaleza humana, era una lógica de conjunción de contrarios y no de exclusión y oposición, tan apreciada por las religiones monopolizadamente patriarcales cuyo dualismo androcrático induce a la rivalidad, la competición, la guerra y la muerte. Bien-mal, verdadero-falso.

La conjunción de los contrarios es una lógica de vida, de enriquecimiento, de creatividad, de tensión creativa de los contrarios. Lo que Jane Eisler, en *El cáliz y espada*, llama «las culturas nutricias y solidarias del cáliz».

–Afirmaban que se alcanza lo divino sin intermediarios. Negaban las castas clericales eclesiásticas que se interponían entre el hombre y lo divino. Al hacer esto actuaban subversivamente en relación con el poder establecido y situaban lo divino en el amor, que siempre es subversivo respecto al poder.

–Creían en el despertar del alma, de la conciencia, del espíritu según siete grados de amor. El espíritu puede residir en la inteligencia de la sensación. El espíritu puede estar en la inteligencia social que privilegia los contactos sociales. Puede residir en la inteligencia racional que privilegia las clasificaciones, los mandatos. Puede estar en la inteligencia del corazón que privilegia lo afectivo. Puede estar en la inteligencia conceptual que privilegia la síntesis. Puede estar en la intuición creadora que privilegia la visión instantánea, mediante ondas vibratorias. El espíritu puede residir en la imaginación creadora en el que vivimos nuestra vida a partir de un imaginario que se realiza. La alquimia de los siete grados constituye la armonía humana divinizada.

–Distinguían el conocer –co-nacer (nacer con la experiencia vivida)– del saber –pertenecerse (tener para sí)–.* El

---

* Juego de palabras intraducible entre *connaître* (conocer) y *co-naître* ("co-nacer"), de un lado, y *savoir* ("saber") y *s'avoir, avoir pour soi* ("tener para sí"), por otro. (*N. del T.*).

amor consistía en compartir el conocimiento, la experiencia vivida.

Las beguinas traducían sus textos en un lenguaje popular accesible a todos. No les gustaba ejercer el poder sobre los demás, y afirmaban que «el clero patriarcal codifica el saber, preferentemente en una jerga abstrusa, para hacer de él un arma de poder cuyas llaves posee».

Heredera de aquellas beguinas, aquellas mujeres de espíritu libre, no conformes con el pensamiento único, dogmático de la espiritualidad dominante, espero no exponerme a la hoguera o las quemaduras del infierno (de los estadios infernales del alma) por atreverme a mostrar esta historia subversiva.

Por atreverme a reunir las dos mitades de la humanidad en la desacralización del eros como fuente de espiritualidad viva, encarnada. Una cultura que no separe más la espiritualidad de la sexualidad, al hombre de la mujer (con el pretexto de que sería espiritualmente superior sin ella).

20. EL CENTRO DE LA CRUZ
Paule Salomon

El autor de La mujer solar *defiende aquí que la mujer de hoy ha de recuperar su rol hierofánico de iniciada en los misterios, para hacernos pasar de la horizontalidad de nuestra vida activa a la verticalidad de nuestra dimensión espiritual. Porque la humanidad necesita urgentemente un cambio de paradigma.*

¿Y si el resplandor espiritual descansa en lo más recóndito del sexo y del vientre de la mujer? ¿Y si le corresponde a ella hacerlo resurgir de las mutilaciones y las culpas? La sacerdotisa reconocida deja entonces paso a un nuevo sacerdote, no el de la castración y el hábito, sino un hombre de una inmensa dulzura aliada con su fuerza, capaz de acoger a una mujer y dejar que ella lo acoja para compartir el infinito del amor. El trayecto del amor romántico al amor consciente abre el camino a una nueva espiritualidad.

Las mujeres guardianas

En la gran empresa de laminado de la era patriarcal, la mujer no sólo ha sido despojada de todo valor y sometida al yugo,

177

a la ley de lo masculino; también ha perdido su valor como iniciada o, al menos, lo ha sumergido en las aguas del inconsciente. Como Blancanieves o la Belladurmiente, es la princesa dormida, protegida de un destino más funesto merced a ese mismo sueño. Duerme y vela a un tiempo, como la semilla enterrada en el suelo durante las heladas del invierno, y aguarda la primavera de su alma. La mujer se resguarda y deposita en lo más hondo de su corazón el mensaje del amor, y nadie sabe quién vendrá a liberarla. Es la historia del Grial y de los caballeros que buscan la copa de la feminidad, el vaso sagrado.

Sin embargo, los caballeros de la Mesa redonda desaparecieron en el horizonte. No volverán, pues no compete a los hombres salvar el alma enferma del mundo, enferma por falta de amor. Las mujeres empiezan a saber que el caballero, el príncipe esperado, surgirá en ellas, y que la espera ha de sufrir una conversión: de exterior ha de pasar a ser interior.

Se escucha una música muy lejana, aún quejumbrosa, doliente y disonante. La de las mujeres que se alzan y se despiertan en un ballet incierto. Estas mujeres, ¡qué incompletas y mutiladas están! ¡Cómo se buscan, se autodestruyen y se destruyen entre ellas, ignorantes de su belleza y hermandad! Sin embargo, las manos se levantan, se unen, esbozan la forma de una copa, hacen nacer un sol. Ese sol palidece y parece que va a desaparecer, pero de nuevo brilla por encima de las cabezas. Los cantos se hacen más melódicos, más poderosos. Una ola cae como lluvia fecundante sobre la sedienta humanidad. El canto del ser se extiende e irriga todas las almas. La esperanza de este mundo está en manos de las mujeres.

¿Qué pueden hacer las mujeres?

Volver a aprender a amarse entre ellas y a sí mismas. Las que destacan socialmente tienden más a la compañía de los hombres que a la de las mujeres. Se sienten secretamente halagadas por la aceptación de quienes detentan el poder, se identifican más fácilmente con ellos que con las mujeres, a las que acusan de ser mezquinas, envidiosas y poco interesantes.

Y sin embargo la herida cultural colectiva ha de curarse para propiciar reencuentros con la realeza interior de la mujer. Desde un punto de vista energético, la mujer es, gracias a su cuerpo, una urna de vida. Puede albergar una nueva vida y alumbrarla. Su sexo está en el interior de su cuerpo. A cada instante, le habla como una cálida presencia, la invita a una celebración íntima. Cuando acepta esta estimulación erótica tan especial, la mujer se sume perpetuamente en un estado de vigilia. Si no las ha dañado la educación, la niña y la joven presentan esa capacidad de atención y viveza interior que les permite relativizar las enseñanzas racionales del lenguaje y los discursos mentales. En su esencia, la mujer tiene acceso directo al éxtasis, al presente del instante, a la receptividad creadora de la gracia.

La historia de una herida

En diversas culturas, las prácticas de mutilación del sexo femenino obedecen al deseo masculino de eliminar esa capacidad iniciática que hace de la mujer un ser esencialmente libre, inalienable. Más sutilmente, las teologías occidentales han privado a la mujer de lo mejor de sí misma condenando con un mismo gesto la sexualidad, la carne y a la mujer, culpables de existir. La caída de la humanidad está vinculada al pecado primordial de morder la manzana. Y Adán nunca lo habría hecho de no ser por la tentación de la pecadora Eva. A menudo la historia sólo ha recordado esta culpa. Pero el otro rostro es el del poder desmesurado. Decir que la caída es responsabilidad de Eva equivale a decir, implícitamente, que ella también detenta el poder de la grandeza.

Durante millares de años las sacerdotisas de la Diosa-Madre han cumplido la función positiva de vínculo entre el cielo y la tierra; organizaban ceremonias de fertilidad en los templos. Hombres y mujeres se encontraban sexualmente bajo los auspicios de un ritual que confería a su enlace todo su sentido. Se trataba de un *hieros gamos*, matrimonio o unión sagrada. De este modo, mediante la irrupción de una conciencia más vasta, una conciencia fuera del tiempo, se propiciaba la manifestación de una línea tierra-cielo, sexo-mente. Bajo ciertas condiciones, el orgasmo sexual puede convertirse en éxtasis, localizado no sólo en el sexo sino también a nivel cerebral, y la experiencia permite salir del tiempo, como si el presente se dilatara indefinidamente. Siempre hay un momento en que el tiempo nos atrapa, pero esa incursión más o menos breve en la eternidad otorga al ser una fuerza interior en la que se asienta. Es así como avanzamos desde el punto de entrada al de salida.

La mujer privada de sacerdocio, sometida al hombre, culpabilizada, ya no tiene la posibilidad de hacer cantar ese vínculo para sí misma y para el hombre. A partir de ahora, se le ha pedido que se contente con ser una mujer estrictamente fiel a un solo hombre, que traiga hijos al mundo y los críe. Redimirá su falta siendo una buena esposa y una buena madre. La mujer de sexo melodioso sólo excepcionalmente sobrevivirá en el marco del matrimonio y a veces se refugiará en la prostituta como una caricatura de sí misma.

No obstante, desde hace cincuenta años nuestra época favorece la reaparición de la dimensión de sacerdotisa en la mujer. Las posibilidades de la contracepción le han concedido el dominio de su fecundidad. A partir de este momento, la sexualidad ha podido salir de su estricta función reproductora para volver a ser un factor del despertar de la energía y la conciencia individual. Pero todavía estamos en los primeros balbuceos en el ámbito colectivo, aun cuando algunos seres excepcionales ya han desbrozado el terreno de la nueva conjunción sexo-corazón-mente.

El nacimiento del amor

Cuanto más crezca esa conciencia, más recobrarán las mujeres el orgullo iniciático, que no tiene nada de egótico. Desde la época de las diosas-madre, las circunstancias han cambiado. El patriarcado puede aparecer como una dura reacción de defensa masculina frente a ese poder femenino de dar la vida y enseñar el amor. En un sentido, es un rodeo; en otro sentido, ha permitido la aparición del padre, del corazón y del amor individualizado. Las mujeres han enseñado a sus hijos a querer a sus padres y a los padres a querer a sus hijos. En las leyendas antiguas, el dios Kronos se comía a sus hijos, y en nuestros anales no nos faltan historias de madres que han de proteger a sus hijos del padre. Los casos de incesto también están ahí para demostrarlo. En una gran paradoja, también nos hemos visto obligados a comprobar que el patriarcado guerrero y destructor ha permitido la eclosión de una flor civilizada que denominamos "amor". Los dos extremos cohabitan.

Hemos visto que la fuerza iniciática de la mujer está sepultada, lo que quiere decir que no ha desaparecido, que está siempre ahí, aguardando su hora. Podría decirse que durante milenios ha sido humillada, y que este sometimiento ha permitido un ascenso sin precedentes en la historia humana: la apertura del corazón. Quizá es la misma intuición que inspiró al poeta René Char cuando escribió lapidariamente: «Inclínate sólo para amar».

Las mujeres se han inclinado, y las semillas de amor de que eran depositarias han conocido un baño de humildad. Bellas, cautivas, trémulas y fascinantes, las mujeres inspiran a los poetas y los trovadores, hombres marcados por el contacto con su propia feminidad y que se convierten en servidores del amor. Nace una dimensión espiritual al margen de todos los dogmas, una vibración, un misterio del alma. Ardor del deseo y ardor del corazón, deseo del amor y amor del deseo, Eros se despliega entre el sexo y el corazón, liberando a la mujer de las servidumbres conyugales, legitimando la infidelidad en nombre de la cultura del amor. Ágape se despliega y, con la ayuda de la religión, trata de separarse de Eros, demasiado posesivo y apasionado. Se pide al poeta que ame no ya a una mujer real sino a una figura ideal como la Virgen María. El resplandor de la bondad se sustituye por las crepitaciones de la belleza carnal.

Nuestro mundo hereda la escisión entre el sexo y el corazón, entre el sexo y la mente. En cambio, corazón y mente se llevan bien, sobre todo al principio: corazón piadoso y mente creyente. Al vínculo entre el sexo y el corazón le ha costado mucho mantener la unión. Un hombre y una mujer pueden desearse y no amarse, pueden amarse y no desearse, compartir ideales comunes sin amarse ni desearse, etc. Pocos seres sienten que la sexualidad es sagrada. Con frecuencia el deseo se considera como un pariente pobre. Se aprecia mucho el sentimiento amoroso, pero a menudo es efímero, rápidamente atrapado en el miedo a perderse en el otro.

El amor está por doquier y sin embargo se da raramente. Nuestro mundo, que da vueltas sin cesar a la hoguera del beneficio y la avidez, también busca cómo vivir Eros, Ágape y lo divino, cómo realizar la conjunción sexo-corazón-mente. La mujer que al fin despierta persigue mucho más que los hombres este camino del amor que ya no necesita de dioses o creencias. Por ello se ve a tantas mujeres en los seminarios de crecimiento personal. Se buscan a sí mismas, tratan de convertirse en lo que son y encarnar a las portadoras de luz allí donde viven. No hay receta que revelar, pues caminan hacia el misterio.

Espiritualmente, la mujer siembra al hombre después de haberlo labrado con sus exigencias, que le resultan incomprensibles, hasta el punto de que a veces ella decide abandonarlo. Algunos hombres sólo se vuelven razonables tras una ruptura. Todos nuestros encuentros intensamente amistosos, apasionadamente amorosos, nos transportan a nosotros mismos. Y a menudo son las madres las que moldean el alma de sus hijos y depositan en ella una levadura que a veces tardará toda una vida en dar sus frutos.

Lo femenino en el hombre

En otro tiempo parece que en el ejército se decía que para hacer un buen soldado había que matar a la mujer que había en cada hombre. Lo que venía a decir que, para poder destruir, debía abandonar el contacto con su sensibilidad, su humanidad. Por el contrario, en los remotos tiempos de los templos y los rituales de la Diosa-Madre, algunos hombres que querían entrar a su servicio y convertirse en sacerdotes, se castraban voluntariamente y a continuación entraban en la primera casa que encontraban, cuyos habitantes tenían que proporcionarle ropa de mujer. También podemos preguntarnos por el hábito del sacerdote católico. ¿Representa esa feminidad que se supone que ha adquirido al renunciar voluntariamente a todas las mujeres del mundo y comprometerse a un casto celibato?

El sacerdote es aquel capaz de establecer un vínculo, para él y para otros, entre la tierra y el cielo, un ser esencialmente consagrado a lo divino e inspirado por él. La castración del hijo-amante es hoy simbólica, al menos en el plano físico, pues si bien conserva su sexo renuncia a utilizarlo. Lo que implica que ha abandonado la función dominante en beneficio de la receptividad. El sacerdote se entrega a lo femenino de la existencia, a la solidaridad, la caridad, la compasión, el amor... Es una verdadera conversión, una mutación que no tiene lugar sin violentar la naturaleza cuando los votos se adoptan a los veinte años.

Porque, para la mayoría de los hombres, el acceso al *anima*, a la figura de la mujer interior, pasa por destacados rostros de mujer, de la madre a la hermana, la amante, esposa, hija, etc. La belleza interior se construye a partir de ese vaivén del exterior al interior. Algunas personalidades masculinas reprimen esa feminidad debido a las circunstancias de su educación, pero aun los más acorazados se dejan atrapar por su sensibilidad alrededor de los sesenta años, y a veces antes. Cuando se frena la integración de los aspectos femeninos, la mayoría de los hombres se concentran en el poder, tienen poco acceso a una mujer en el terreno afectivo y permanecen inmaduros y dependientes, con una mezcla de miedo y fascinación respecto a lo femenino.

El donjuán es un hombre que tiene poco contacto con su *anima* y que compensa esa carencia con la cantidad externa. El hombre poderoso puede rodearse de mujeres con las que trata de nutrirse y realizarse en vano, lo que a veces engendra una cínica insatisfacción.

¿Qué le ocurre a un hombre cuando lo femenino empieza a germinar en él? Se hace consciente, evoluciona, pero a menudo, al principio, sufre un exceso de sensibilidad, un superávit de amor. Para sufrir menos, intenta comprender, investiga, y su búsqueda lo lleva a un camino en el que, poco a poco, todo cobra sentido. Puede convertirse en Tristán, el hombre de una sola mujer, a veces todavía dependiente, antes de ser el hombre consciente, el hombre de la unidad, que puede comprometerse de otro modo en el viaje del amor.

La estrella de seis puntas

¿Qué significa el encuentro de dos triángulos en la estrella de Salomón? El triángulo superior representa la necesidad de ascenso del ser y el triángulo inferior su arraigo. La conjunción de estos dos triángulos da lugar a la estrella de seis puntas que también simboliza una realización armoniosa del ser reconciliado con las dos direcciones fundamentales de lo masculino y lo femenino. Querer ascender no excluye tener los dos pies en la tierra; potencia y conciencia necesitan unirse, desposarse, alimentarse mutuamente. Pero da la impresión de que hasta el día de hoy las religiones y las diversas formas de sabiduría no han encontrado las proposiciones colectivas que integren ambas dimensiones.

Lo masculino ha privilegiado el triángulo superior. Las tres religiones monoteístas invitan al ser espiritual a desencarnarse, a experimentar un despojamiento, una salida del cuerpo. El mensaje colectivo, erigido en creencia, es el siguiente: cuanto menos os ocupéis de los bienes materiales y los placeres de la carne, más os acercaréis a vuestra naturaleza divina, eclipsada por la gravedad de la materia y la concupiscencia. Purificar la mirada también es desapegarse del mundo. La vida terrenal tal vez sea dolorosa, pero el más allá lo justifica todo.

El triángulo inferior dirige la conciencia a la encarnación. Ya no se trata de salir sino de entrar. Cada gesto de la vida diaria se convierte en la ocasión de ejercer el discernimiento, la virtud de una presencia. Ninguna forma de vida es mejor que otra, todo depende de la presencia que se dé tanto en la alegría como en la aflicción. El dinero, la sexualidad, la sensualidad, el placer de vivir ya no son tabúes, sino la ocasión de ejercer una sabiduría del término medio, de dominar una fuerza sin dejar que nos confunda. Nuestra época intenta encontrar un camino que conjugue las dos direcciones, masculina y femenina, de la espiritualidad: la desencarnación y la encarnación. Para que surja la estrella.

El centro de la cruz

¿Qué significa el encuentro de la vertical y la horizontal en el centro de la cruz? Para un occidental la cruz evoca, en principio, la crucifixión. Como si la conjunción de la horizontal y la vertical no pudiera hacerse sin un terrible sufrimiento. Afrontamos esto en nuestra vida cotidiana. ¿Cuánto tiempo dedico a la horizontal y cuánto a la vertical? Una vida profana consiste casi por completo en gestos para la supervivencia o para la afirmación de uno mismo, cursos de bricolaje, las tareas domésticas, la actividad profesional, la gestión del presupuesto, la supervisión de una obra... Una vida consagrada hará de las prácticas meditativas o piadosas el centro de su atención. ¿Existe un tercer estadio, una vida consciente que trate en cada momento de unir lo vertical y lo horizontal? Parece que nuestra época busca este encuentro y, dentro de ese estado espiritual, a muchos la pareja les parece un camino de realización, un vínculo entre lo sagrado y lo profano. Lograr vivir armoniosamente una intimidad prolongada con otro constituye una especie de prueba iniciática. En algunos casos, la meditación inherente a la vida cotidiana contrarresta la pereza a la hora de practicar, pero la moral del esfuerzo y la disciplina no basta para alentar la evolución. ¿Cuál es el centro, qué es ese corazón situado en la encrucijada de dos direcciones sino la aproximación cada vez más sutil de uno mismo y del otro? Amar.

En una perspectiva histórica, el amor es como un regalo de la crucifixión y el sufrimiento, de la dolorosa sumisión de las mujeres, del endurecimiento de los hombres tras su caparazón guerrero. Hoy el amor nos invita a la flor de la realización.

Hay un tiempo para la escisión. Hay un tiempo para la unión. Hombres y mujeres se individualizan, afirman sus diferencias, exploran una identidad más andrógina, alteran su comportamiento, conquistan un espacio de libertad y, paradójicamente, se conceden oportunidades para encontrarse en la fusión, como nunca antes.

¿Y si se pudiera alcanzar el centro de la cruz mediante este encuentro cada vez más completo de dos cuerpos, de dos almas, de dos espíritus que avanzan uno hacia el otro en un despojamiento progresivamente acentuado, en una sutileza siempre presente? ¿Y si el asombro de lo divino no nos aguarda a la entrada ni a la salida, sino en el término medio, allí donde nuestras religiones no han ido a buscarlo hasta el día de hoy? En la incandescencia de la carne, la desnudez del alma, la ascensión del ser.

Una mujer consciente puede prender la llama de ese proyecto vital y proponérselo a su compañero hasta el momento en que éste también se convierta en portador del fuego.

21. EL ESPÍRITU SANTO
Catherine Andriès

*Tanto en los Evangelios tradicionales como en el de To-
más, la referencia a lo femenino es constante. De este modo
adopta la forma de una paloma que simboliza el Espíritu Santo en la Trinidad, una imagen de dulzura y de gracia que nos
sugiere esa inspiración, esa respiración, ese aliento de energía divina.*

A mi modo de ver, el descubrimiento en 1945 del Evangelio de Tomás, que insiste tanto en la necesidad espiritual
de "convertir el dos en uno", no es un puro azar de la historia. Al final de la Segunda Guerra Mundial, vino a iluminar
el desafío que ahora se le ha planteado a nuestra evolución
humana. Al margen del ámbito en que lo abordemos, psíquico, relacional, social, económico, político o religioso, hemos comprobado que si no logramos reconocer la dualidad
de nuestra humanidad a fin de incluirla en una unidad viva,
corre directa a una locura destructora. En el símbolo religioso de la divina Trinidad, mediante el nombramiento del Padre, el Hijo y el Espíritu Santo, aparentemente sólo reina lo
masculino. En apariencia, este lenguaje traduce más bien
una hegemonía de la masculinidad, que parece excluir la fe-

minidad del ser. Esta traducción de una verdad espiritual puede ser fuente de profundas heridas y sufrimientos, tanto para los hombres como para las mujeres. Pero una apertura espiritual que no se amilane ante la inflexibilidad de la letra nos permitirá beber de una fuente que puede devolvernos la palabra y el símbolo vivos. He aquí una proposición espontánea, que por supuesto requeriría un trabajo de profundización.

Para los cristianos, la encarnación de Cristo y la venida del Espíritu Santo preparan el camino hacia el Reino. Ahora bien, el Espíritu Santo, también llamado "aliento divino", es originariamente, en hebreo y en las lenguas semíticas, un término femenino: la *Rouach*.

La divina Trinidad podría entonces entenderse así: Cristo-el Ser-la *Rouach*. Tendríamos entonces el símbolo de una realidad trascendente en la que lo masculino y lo femenino son *uno*, que no es de este mundo pero que está en él por mediación de una "divina masculinidad" y una "divina feminidad". Sin embargo, el misterio no desaparece: pues Cristo y el Ser son *uno*, la *Rouach* y el Ser son *uno*, Cristo y la *Rouach* son *uno*, los tres son *uno*…

Sobre todo, que el misterio siga siendo un misterio. Los místicos de todas las épocas y de las grandes tradiciones espirituales siempre han manifestado que el reino del Ser no es abordable por nuestro pensamiento y nuestra lógica humanas. Aun siendo conscientes de que con palabras sólo podremos comunicar el reflejo terrenal del misterio inefable, podemos considerar, sin embargo, que un símbolo de la divina Trinidad que sólo se expresa en términos masculinos ha de renacer en este momento de nuestra historia humana. Pues existe el peligro –y la deserción de nuestras iglesias lo demuestra– de que el alma de nuestro mundo actual ya no pueda reconocerse y alimentarse de ella como de una fuente vivificante. En el nivel espiritual, tendríamos que ser capaces de dar el "salto cuántico" que abre la letra de las Escrituras para descubrir el Logos viviente, pasar de la plata de la palabra al oro del silencio. El símbolo cumple su función cuando las palabras o la imagen operan en su sentido etimológico (*sun-ballein*) para "tender un puente" y permitir el paso de nuestra alma hacia la contemplación del misterio divino, a la unión mística, el tálamo nupcial donde lo humano y lo divino son uno. Cuando un símbolo no opera en este sentido, la causa está en los cambios acontecidos en nuestro mundo humano. Éstos son la expresión de la lenta y progresiva maduración de nuestra alma y nuestra apertura de la conciencia. El problema de la eficacia del símbolo consiste entonces en vincular la eternidad con el tiempo. Cuando se vuelve demasiado viejo con relación a su tiempo, el símbolo debería poder renacer de sus cenizas, como el fénix, siendo el mismo pero con una forma diferente, rejuvenecida.

Para aquel o aquella que ya ha penetrado el sentido de la letra o la imagen, el problema no se plantea. Pero para aquellos que intentan el gran salto, la letra o la imagen deberían estimularlos, atraerlos y servirles de guía. El Evangelio de Tomás ofrece una contribución especial en el sentido de que nos habla en nombre de la Madre divina, de la "feminidad del Ser": «Aquel que no ame a su Padre y a su Madre como yo no podrá ser mi discípulo, pues mi madre me ha traído al mundo, pero mi Madre verdadera me ha dado la Vida» (Logión, 101, 4-8).

Esta Madre verdadera, si tenemos en cuenta el género femenino semítico del Espíritu Santo y de ciertos textos apócrifos (Hechos de Tomás, Evangelio según los Hebreos), no puede ser sino la *Rouach*.

En María, la divina Trinidad se unió a la humanidad, lo que también constituye un gran misterio. Cito ahora una frase que una hermana de un monasterio ortodoxo de Corbières me dijo un día y que fue un bálsamo curativo y un motivo de admiración: «María es mayor que el universo, porque ha albergado lo que el universo no puede albergar». He aquí la feminidad del ser humano en el apogeo de sus posibilidades espirituales.

PRESENTACIÓN DE LOS AUTORES

MARGO ANAND: Conocida en todo el mundo por su enseñanza del tantra. Tras haber seguido a los grandes maestros de Europa, Asia y Estados Unidos, ha elaborado un método único y original: el *Skydancing tantra*. Margo Anand es autora de tres *best-sellers*: *La senda del éxtasis* (Martínez Roca); *L'art de l'extase sexuelle*, y *L'art de la magie sexuelle* (Guy Trédaniel).

CATHERINE ANDRIÈS: Filósofa, escritora (*La Sainte Esprit*, éd. du Fennec), escenógrafa. Tras numerosos viajes, ahora se dedica a la escritura.

JEAN BIÈS: Es autor de una veintena de obras, entre otras: *Art, gnose et alchimie* (Le Rocher); *Voies des Sages* (Philippe Lebaud); *Les Chemins de la ferveur et paroles d'urgence* (Terre du Ciel); *Sagesse de la terre* (Les Deux Océans). En la confluencia de las grandes tradiciones de Oriente y Occidente, su obra se dirige a los seres que buscan un sentido.

NATHALIE CALMÉ: Del teatro al periodismo pasando por el trabajo humanitario, Nathalie Calmé ha dirigido dos obras colectivas en la editorial Albin Michel: *Question de: être à deux* y *L'enfant du possible*.

Presentación de los autores

MICHEL CAZENAVE: Escritor, autor de numerosas obras, entre ellas *Tristan et Iseut*, *Les amants de Teruel* (Albin Michel); *La putain des dieux*, *La science et les figures de l'âme* (Le Rocher). Es responsable de programación en France-Culture y director de la traducción de las obras completas de C.G. Jung, de la editorial Albin Michel.

MARIE DE HENNEZEL: Psicóloga, analista junguiana, formó la primera unidad de cuidados paliativos en Francia, en el Hospital Universitario de París. Autora de *La muerte íntima* (Plaza y Janés). Además es presidenta de la Asociación Bernard-Dutant de ayuda a los afectados por el virus de la inmunodeficiencia humana.

BERNARD LEBLANC-HALMOS: Músico, escultor, diseñador, escritor, es responsable de los seminarios «Serenidad y eficacia», que han influido en miles de ejecutivos y encargados. Es autor de numerosas obras de sabiduría y humor, entre las que se encuentran *Gêne-aise de la consciente* y *Ce que les mots veulent dire*, de la editorial L'Être Image, y *Comment parfaire l'amour*, publicado en Albin Michel.

NICOU LECLERQ-DUBOIS: Tras sus estudios de derecho, esta investigadora autodidacta se aventuró en el universo de la psicología, apasionándose especialmente por las relaciones masculino-femeninas. Su búsqueda la ha llevado a interesarse por la historia desconocida de las beguinas.

JEAN-YVES LELOUP: Teólogo y filósofo, sacerdote ortodoxo, es autor de una obra filosófica importante que funda una nueva ontología. Jean-Yves Leloup ha publicado numerosas obras, entre otras: *L'Évangile de Thomas*; *Manque et plénitude*; *L'enracinement et l'overture*; *L'absurde et la grâce* (publicadas en Albin Michel); *Desierto, desiertos* (Promoción Cultural Cristiana), y *El evangelio de María* (Herder).

JEAN LETSCHERT: Artista simbolista, filósofo y escritor. Es el autor de *Temple intérieur* (éd. du Trigramme). En la actualidad enseña un método de síntesis de la no dualidad vedántica y el tantrismo shivaísta. Desde hace tres años, imparte una formación continua: «La pedagogía de la creatividad».

JEAN MARKALE: Escritor, poeta, actor y conferenciante, se dedica al estudio de las civilizaciones tradicionales, en especial de la civilización céltica y el ciclo artúrico de la Edad Media. Jean Markale es autor de más de sesenta obras, entre otras: *El ciclo del Grial* (Martínez Roca); *La mujer celta* (MRA Creación y Realización Editorial), y *La grande eéese*, (Albin Michel).

EDGAR MORIN: Escritor, antropólogo e investigador del CNRS. Autor, entre otras, de *El método* (Cátedra, 4 vols.); *Tierra-Patria* (Kairós); *La complexité humaine* (Flammarion); *Mis demonios* (Kairós). La unidad de su investigación reside en una preocupación por un conocimiento vasto, no mutilado ni compartimentado, que pueda respetar lo individual y singular insertándolo en su contexto global.

DOCTOR RICHARD MOSS: Abandonó el ejercicio de la medicina clásica en 1976 después de una experiencia de apertura de conciencia. A partir de entonces se dedica a la exploración de la psique y al despertar de las almas. Es autor de *La mariposa negra* (Buenos Aires: Butar); *El segundo milagro* (Buenos Aires: Era naciente), y *Unifier* (Le soufflé d'or).

DANIEL ODIER: Ha recibido la transmisión tántrica completa de un gran maestro mujer, la yogi Devi, y la autorización para enseñarla a su vez. El relato de esa transmisión ha sido publicado con el título: *Tantra, la iniciación de un occidental al amor absoluto* (Neo-Person). Además, Daniel Odier es novelista y autor de *L'illusioniste* (éd. Laffont); *Gioconda* (Fayard), y *Tantra yoga* (éd. Albin Michel).

MICHEL RANDOM: Filósofo y escritor, cineasta, fotógrafo y conferenciante internacional. Ha participado en numerosos coloquios internacionales organizados por la UNESCO y las Naciones Unidas, entre ellos el coloquio de Tokio dedicado a «La mutación del futuro», del que fue el principal ponente (publicado en Albin Michel). Es autor de numerosas obras entre las que se encuentran *Les puissances du dedans* (éd. Denoël); *L'art visionnaire*, tomo 1 (éd. Nathan) y tomo 2 (éd. Lebaud), y *Rûmi, la connaissance et le secret* (éd. Dervy).

HÉLÈNE RENARD: Ha presentado durante diez años las emisiones diarias acerca de los sueños (sobre todo en France 2 y RLT). Miles de telespectadores y oyentes (principalmente mujeres) le han confiado sus sueños. Hélène Renard es autora de numerosas obras, entre las que cabe mencionar *Les rêves et l'au-delà* y *Le dictionnaire des rêves*, en ediciones Lebaud.

JACQUES SALOMÉ: Psicosociólogo y formador en relaciones humanas. Sus numerosas obras encuentran cada vez mayor eco entre un nutrido público preocupado por los problemas relacionales. Citemos *Éloge du couple*, editado por Albin Michel.

PAULE SALOMON: Autor de numerosas obras, entre las cuales las más conocidas están *La mujer solitaria* (Obelisco) y *La sainte folie du couple* (éd. Albin Michel).

MAUD SÉJOURNANT: Psicoterapeuta occidental, vive en Santa Fe (Nuevo México), donde ha estudiado las culturas amerindias. Iniciada en diversas prácticas chamánicas, su enfoque terapéutico también se basa en la psicología transpersonal. En Albin Michel ha publicado *Le cercle de vie*.

ANNICK DE SOUZENELLE: En un principio matemática, más tarde enfermera anestesista, por último se convirtió en psicoterapeuta. Su principal contribución consiste en su exégesis de la Biblia para reinterpretar el mensaje del Antiguo y Nuevo testamento. En Albin Michel, ha publicado: *Oedipe intérieur, Le Fé-*

minin de l'Être, Job sur le chemin de la lumière, Alliance de feu (2 vols.) y *Resonantes bibliques.* Y en Kier: *El simbolismo del cuerpo humano*; *El Egipto interior*, y *La palabra en el corazón del cuerpo.*

ANDRÉ VAN LYSEBETH: Reconocido como uno de los mejores profesores de yoga de la francofonía, sus libros influyeron en tres generaciones de seguidores interesados en comprender mejor los detalles, el sentido y los efectos de las posturas yóguicas. Es autor de *Tantra, el culto de lo femenino*; *Aprendo yoga*; *Perfecciono mi yoga*, y *Pranayama*, todas editadas en Urano.

DOCTOR JACQUES VIGNE: Psiquiatra, vive en la India. Es autor de obras fundamentales acerca de las psicologías de Oriente y Occidente y los posibles puentes entres estas culturas complementarias. Algunas de sus obras publicadas en Albin Michel son: *Meditation et psycologie, Le maître et le thérapeute, Élements de psychologie spirituelle* y *Le mariage intérieur en Orient et en Occident.*